一读就懂的《道德经》

李富强　著

河北大学出版社
·保定·

一读就懂的《道德经》

出 版 人：朱文富
责任编辑：田　阳
装帧设计：张彦琪
责任校对：耿兆飞
责任印制：常　凯

图书在版编目（CIP）数据

一读就懂的《道德经》/ 李富强著．-- 保定：河北大学出版社，2023.8
ISBN 978-7-5666-2159-7

Ⅰ．①一… Ⅱ．①李… Ⅲ．①《道德经》-通俗读物 Ⅳ．① B223.1-49

中国国家版本馆 CIP 数据核字(2023)第 138627 号

出版发行：河北大学出版社
地址：河北省保定市七一东路 2666 号　邮编：071000
电话：0312-5073019　0312-5073029
邮箱：hbdxcbs818@163.com　网址：www.hbdxcbs.com
经　　销：全国新华书店
印　　刷：保定市北方胶印有限公司
幅面尺寸：170 mm × 240 mm
印　　张：13.5
字　　数：186 千字
版　　次：2023 年 8 月第 1 版
印　　次：2023 年 8 月第 1 次印刷
书　　号：ISBN 978-7-5666-2159-7
定　　价：98.00 元

如发现印装质量问题，影响阅读，请与本社联系。
电话：0312-5073023

道医同源　法门不二（代序）

三载河北中医大学师承班，有幸结识异人李富强，在交往与时间的积淀中，肃敬之情与日俱增。雨日小酌，论道谈天，交流甚欢。闻得李先生对佛道经典、易学八卦研究颇深，故而话题渐宽，认知愈近。次日，先生交予《一读就懂的〈道德经〉》书稿，邀余作序，因慕其才学，心性相通，欣然允之。拜读数遍，其文宛如饮美酒沁人心脾，睹美景心旷神怡，其妙状无以言表。

《道德经》著于春秋，盛行于世，历经两千五百年久盛不衰，被古今中外文人视为宝典，皇权重臣依为法典，更为世人修身立命之要典，故而成为中华文化乃至世界文化的璀璨瑰宝。

李先生用言简意赅的语言将《道德经》注释，其析理如清冽之真、醇厚之善、质朴之美，明心见性。纵观古今，从马王堆汉墓帛书到郭店竹简，足见古代权贵对《道德经》的顶礼膜拜，《道德经》犹如天象，应时而现。世人若探究中华文化之源头，不免尝试读一读本书。

本书表述了“道”即人类思维对宇宙的建模，宇宙寓古往今来，万事万物。但人类语言这个小单位并不足以精准清晰、完整透彻地表述“道”字的概念。既然这个“道”的产生不在时轴之上，而是诞生于时空之外，自然就没有因果，故称“道法自然”。

《一读就懂的〈道德经〉》告诉我们，审视人与人的关系即是“道”与“人”的关系，这种类比无须严谨也能阐明整个体系的融汇贯通。追求“道”的过程中尚需“德”的形成，有了“德”方能百折不挠，坚定方向，最终积跬步以致千里，拥有“德”方可能，箪食瓢饮，乐在其中。

李先生劈山凿印，以匠心诠释《道德经》心得，品读之余如风扫落叶，一清世俗之偏见，诚超高士之美文，实属当世少有之佳作。

此解读乃敝人拙见，是为序。

靳元国于古赵都

2023 年 8 月 16 日

目　　录

道 德 经

道：本义指道路，含方向和轨迹、轨道的意思，引申为中华民族认识自然为己所用的一个名词，意思是万事万物的运行轨道或轨迹。道恒久不变，不以一切外在原因而改变。后引申为道理、法则、方法、说、讲等。

德：含义是直视“所行之路”的方向，引申为遵循本性、本心，以“大道”为本的外显行为。

道经

第一章　不要随便给一个人或一件事定性

道可道，非常道；名可名，非常名。无名天地之始，有名万物之母。故常无欲，以观其妙；常有欲，以观其徼。此两者同出而异名，同谓之玄，玄之又玄，众妙之门。

【注解】

道可道，非常道；名可名，非常名。

道：第一个“道”指说或讲；第二个“道”指道理；第三个“道”指大道、恒道。

名：为区别万物而加的称谓、名称。

常：“帛本”作“恒”，指恒常不变的意思。

任何事物都存在阴阳对立的两面性，并随着环境而变化，所以万物都是动态变化且具有多面性的，用语言不能给它们进行全面准确的定性。语言说出来的道理只是在一定条件下才适用，并不是恒久不变的大道规律。所以，站在我们的角度去认识万物并给它们定性命名，也不是它们恒常不变的名称。

无名天地之始，有名万物之母。

人类在开始认识天地的时候，由于对事物缺乏全面了解，所以并没给它们定性命名。随着对万物认知程度的加深，我们才逐渐地对它们进行定性和命名，并根据其特点加以利用，于是产生了知识和文化。由于对事物的定性和命名是站在自我角度和利益得失上产生的，所以我们对万物的认知都存在片面性。

故常无欲，以观其妙；常有欲，以观其徼。

欲：欲望。

妙：细微之极谓奥妙。

徼：尾部带绳子的箭，发出后可以拽回来，指站在一个原点，向不同方向发射再拽回来，引申为站在自己的角度掌握事物的发展规律。

所以，常常离开自我偏见和欲望，就能对事物观察细微而全面，从而获知它的奥妙之处。

常常心怀志向、欲望，将智慧付诸行动，就能在实践过程中逐渐增长掌控规律的能力。

此两者同出而异名，同谓之玄，玄之又玄，众妙之门。

获知事物的奥妙和掌握事物的发展规律，这两者共同产生于大道，一个为道之体，一个为道之用，只是功能不同而已。二者既玄妙又深奥，互为功用又互相推动，这是探知万物变化奥妙的门户和根源。

【体悟】

不要随便和别人辩论道理，因为最终的结果往往会演变成无意义的争论或争吵。比方说和别人讨论孝顺这个道理，你认为孝顺肯定是绝对不变的真理，但如果对方说他的父亲酗酒成性，身体不好，他是否应该顺着父亲的意愿给他买酒，如果不顺着就是不孝顺，因为孝顺突出的是个“顺”字，你应该如何作答呢？所以，不要随便和别人辩论道理，因为任何一个道理，只有在满足它外在因素的前提下，才有它的正确性。然而，外在因素是不断变化的，所以没有任何一个道理是恒久不变的真理。唯一恒久不变的是规律，是事物动态变化的规则。这就是“道可道，非常道”。

不要随便给一个人或一件事定性，因为社会的发展就是不断挖掘已知事物的未知价值，科学的发展，就是在不断地推翻原有的观点，并给它加以新的定义。对于身边的人也是如此，“士别三日，即更刮目相待”的情况也时有发生。

我们认为善良的人也会有意无意地做出恶事，我们定义为“恶人”的人也会有意无意地做出善事，所以我们不要随便给一个人或一件事定性。因为我们能看到的事物的维度是有限的，但其真实维度远比我们所知道得多。这就是“名可名，非常名”。

面对如此眼花缭乱又变幻多端的世界，我们应该怎么做才能更完善地认知它，并且运用好它呢？首先，要忘掉自我的得失。因为一味地站在自己的角度和利益上看待问题，得出的结论往往是偏执的、不完善的，这就是我们常说的“旁观者清，当局者迷”。其次，不要随便给一件事定性。因为事物是不断变化的，它的性质也会随之改变，用我们简单的知识面给复杂多维的事物定性，肯定是不科学的。这就是“常无欲，以观其妙”。实践出真知，会说的可能不会做，会做的可能不会说。比如一个经济学教授，虽然他拥有丰富的理论知识，却可能运营不好一家企业，而成功的企业主可能讲不成一堂经济课。只有把理论运用到实践中，理论才有价值；只有在实践中总结出理论，才有进一步提升实战能力的可能性。这就是“常有欲，以观其徼”。

第二章　如何摆正自己的位置和心态

天下皆知美之为美，斯恶已；皆知善之为善，斯不善已。故有无相生，难易相成，长短相形，高下相倾，音声相和，前后相随。恒也。是以圣人处无为之事，行不言之教，万物作焉而不辞，生而不有，为而不恃，功成而弗居。夫唯弗居，是以不去。

【注解】

天下皆知美之为美，斯恶已；皆知善之为善，斯不善已。

知：明了、分辨能力。

斯：这是、这个。

恶：厌恶。

善：从羊，从口。羊这种动物，羊角弯曲不伤外物，合群，肉美味，易驯服，所以有柔美的含义，本义指吉祥，也有指“善于”之处。

天下人站在自己的角度出发，会对事物产生或美好或厌恶的观点。其实这样的观点是偏执的，因为事物都有正反相对的两面性和不断变化的性质，这样看待事物显然存在主观片面性和暂时性，所以这样的观点是不完善的。

故有无相生，

有：显性的，指实践中掌握的事物发展规律，指行动。

无：隐性的，指站在无我的角度观察到的事物之奥妙，指智慧。

行动产生智慧，智慧指导行动，它们是互生互用、互相推动的关系。这是第一条恒态——“有无相生”。

难易相成，

遇到难度高的事，可以从易处着手行动，因为难度高的事都是简易之事的积累。比如，即便一个浅显的道理，对于一个不思考、不学习的人来说，也是一件相当复杂难懂的事，这就是第二条恒态——“难易相成”。

长短相形，

每一件事物都有长与短两种形态同时存在，有其长必有其短，有其短必有其长。长与短各有其用，这是第三条恒态——“长短相形”。

高下相倾，

高是以下为基的，三十三层高的楼房，三十二层以下都是它的基下，有一层不牢固，三十三层也不会成其固高。所以，决定事物高度的不是它所在的位置，而是取决于它基下的高度。而基下者只有倾慕高上者的德行，才有进步的可能。高以下为基础，下以高为榜样，这是第四条恒态——“高下相倾”。

音声相和，

音是音符，是节拍，是无声的；声是通过气体的共振产生的波鸣。它们相辅相成，才会把思想表达出来。一个行动的达成，也是众多方面合理配合的结果，缺一不可。这是第五条恒态——“音声相和”。

前后相随。

没有身后的追随者，也就没有了领导者的存在。每个人或每件事物都存在两种关系，既有他追随的“前”，又有追随他的“后”，所以处事既要“瞻前”又要“顾后”。不“瞻前”就没有正确的前进方向，不能进步；不“顾后”就缺乏群众基础和支持者，没有力量达成使命。这是第六条恒态——“前后相随”。

恒也。

以上这六种状态是事物恒常存在的状态。

是以圣人处无为之事，行不言之教，

无为：不以个人为中心而采取行动。

不言之教：以大道无声的规则作为教戒。

所以明智的人处事不以自我为中心去考虑和实施，而是站在全局的现实局势中调整自己的位置，在行动上以无言的大道恒规作为终极的教诫和指导。

万物作焉而不辞，

作：发动、变化。

辞：推辞、辞谢。

明智的人心怀大道规则，从而利益万物，并且辅助万物之性加以调配，使天下万物生机勃勃。其在具体行动中施利万物，从不需要辞谢，也不会推却懈怠。

生而不有，为而不恃，

恃：服侍、侍奉。

生育了万物却不据为己有，完成使命，达到利益万物的目的而不需要它们的侍奉。

功成而弗居。

因为万物智慧自备，因其物性而成，明智的人只是顺大道的规律辅助调配其性而已，功不在我。所以，功虽成而不居功自持。

夫唯弗居，是以不去。

去：抛弃。

正因为无私的奉献，功成而不据为己有的格局，所以才会像大道一样，自古至今从没有被时间和空间所抛弃。

【体悟】

世上一切人和一切事物的真实相状，不是非好即坏或非坏即好的纯粹状态，绝大多数都是处于非好非坏的灰色中间状态。能认清这个事实的人是明智的，而很多人并没有认识到这个事实。这就是所谓“天下皆知美之为美，斯恶已；皆知善之为善，斯不善已”。如果天下人都站在自己的角度对人和事评判好或坏，必将引发混乱。那么，我们应该用怎样的眼光来审视呢？又该如何摆正自己的位置和心态呢？一般来说，有以下六种常见的情况。

一、有无相生

任何实有事物都是由看不见的思想产生的，而看不见的思想又被实有事物所改变。比如，你想做生意，然后根据自己的爱好和条件开了一家实体书店，这就是“无生有”。经过一段时间的经营，你发现读书的人虽然很多，但大部分人会选择网购，实体店的成交量很少。同时，你还发现喜欢同一类图书的人渴望和志同道合的人沟通交流，但苦于没有实体场所作为平台。于是，你对书店的经营思路进行调整，把实体店改成不同类别书友的交流场所，比如诗歌类、历史类、哲学类、养生类，等等，让他们于不同的时间段在你的书店内交流心得和体会，这样既提升了销量和人气，又理所当然地赚到了会费。这就是“有生无”，也就是具体的事物又产生和改变了看不见的思路。所以，事物的发展就是在“无生有”“有生无”的互生中成长变化的。想法和现实互为根基，又互为功用，不能单纯说哪一个更好，因为“无”和“有”都是不能单独存在的。

二、难易相成

看似既困难又复杂的事物，其实就是若干简单事物的组合，是量变引起的质变。高楼大厦看似复杂，其实都是由普通建设者建起来的；汽车构造再复杂也是由专业技术工人生产组装的。简单的事重复一个月叫熟练，重复一年叫特长，重复十年叫专家。知道了这个道理，只要你不是一个懒惰的人，又何必纠结事物的难易之别呢？

三、长短相形

长与短的概念是比较出来的，如果没有比较，我们怎么能对它定性呢？你努力工作，小日子过得也不错，但你非得和企业家去比财富，这不是自寻烦恼吗？你知道当你悠闲自得地和家人、朋友享受生活的时候，企业家又在做什么吗？你知道他们的奔波劳碌吗？你了解他们内心的烦恼和痛苦吗？对于这些，你为什么不作比较呢？所以，此长导致彼短，此短导致彼长。如果你知道了这个事实，就会明白有得必有失、有失必有得的道理，这样你还会纠结得与失这两者的好坏吗？

四、高下相倾

如果处在高位的领导不倾听群众诉求、不回应群众关切，就不会受到群众的爱戴和拥护，那么领导的位置就成了支起来的“烤肉架”。每一个有上进心的人，心中都有一个倾慕对象。没有下层的倾慕和拥护就不存在高位，没有向上倾慕和学习的榜样人生就会迷茫。所以，高与下是相辅相成的，不会单独存在。

五、音声相和

美妙的音乐是无声的音符和有声的气波相互配合的结果。一个团队的成就是大家各司其职的共同结果，一部汽车如果没有螺丝的存在也组成不了汽车。所以，贡献并没有大小的区别，只有是否尽职的区别。那么，何必非得在乎世俗眼光中的高低贵贱呢？

六、前后相随

群众追随上级意见，上级追随领导意见，领导又必须追随群众意见，那究竟是谁在追随谁呢？我们都像环形跑道上的奔跑者，前方永远有你追随的人，后方永远有你的追随者，又何必去计较自己的身份与地位呢？所以，只要我们保持一颗上进的心就可以了，不要把有限的生命投入到无止境的攀比之中，不要用世俗的眼光对一个人的身份进行高低等的审评。

通过对以上六种情况的分析，我们可以看到一个人的理想、行动、身份、地位、金钱、荣誉、才能、权力等都不是单独呈现出来的，它们都是和其他因素互相成就、互相牵制的。所以，明智的人“处无为之事，行不言之教”，意思就是，他们不站在自己的角度，而是站在全局的角度来看待事物，以大自然无言的生态链作为教诫和指导，就能达到“万物作焉而不辞，生而不有，为而不恃”。也就是说，明智的人将永远以积极的心态去做事，无私地去完成自己的历史使命，取得荣誉也不占为已有。“功成而弗居。夫唯弗居，是以不去”，因为荣誉是大家各司其职的结果，自己只是负了应该担当的职责，所以无功可居。而正是因为拥有这样的心态，大家对他们的所作所为更加不会忘记和遗弃。他们必将在所有人的内心深处拥有沉甸甸的分量。

第三章　减少欲望诱惑，这个世界才会更美好

不尚贤，使民不争；不贵难得之货，使民不为盗；不见可欲，使民心不乱。是以圣人之治，虚其心，实其腹；弱其志，强其骨。常使民无知无欲，使夫智者不敢为也。为无为，则无不治。

【注解】

不尚贤，使民不争；

不推崇贤能之名，不使民众以追求贤名为奋斗目标。因为当人得到贤名，容易自傲而失本，或遭邪恶的人暗害。巧诈者追贤名以求其私利，而生大伪。所以庄子说“圣贤不死，大盗不止”，贤名带来的弊处是容易使民风堕落，产生欺世盗名的奸伪之徒。

不贵难得之货，使民不为盗；

贵：崇尚、尊崇。

难得之货就是稀有之物，以崇尚拥有稀有之物来显示人的尊贵，是在驱使民众对贪念的放纵，引起民众的争夺，更是盗贼不绝的根源；反之，则减少了盗贼的产生。

不见可欲，使民心不乱。

内心迷乱是因为妄欲太多，减少产生胡乱妄欲的外部因素，民心也就减少了迷乱。

是以圣人之治，虚其心，实其腹；弱其志，强其骨。

心：欲之源。

腹：内心，如“肺腑之言”。

志：心意、欲念。

所以，明智的人治理民众，首先淡化他们妄欲的根源，充实他们的内心灵魂，从而弱化他们追求妄意的心念，以达到心安体健。

常使民无知无欲，使夫智者不敢为也。为无为，则无不治。

知：明白、区别。这里指区别。

常使民众不去区别名利的得失和妄欲的放纵，使智巧狡诈之徒失去生存的土壤，辅助引导民众追求淳朴无妄的品行，天下则能达到正确的治理和教化。

【体悟】

任何一个时代，社会上都会存在不良风气，其根源到底是什么呢？究其原因，就是偏执的价值取向。偏执的价值观就像人患上了精神疾病，外表看上去和正常人没有差别，但思想上已经错乱。随着病情得日益严重，生命也在逐渐受到危害。

在偏执的价值观中，名利至上无疑是一种典型的代表。名利的本质是社会对劳动者奉献价值的回馈，是推动社会发展的最大引擎，其本源是正面而积极的价值观。然而，我们往往忽略了它本身的意义，只关注名利带来的实惠和荣耀。于是，人们开始不想着如何劳动和奉献自己的价值，只想着如何投机取巧获得名利，从而导致不良风气滋生。所以，社会和家庭都应引导大家建立正确的价值取向，树立“劳动至上，奉献至上”的价值观，从而使投机取巧、邪门歪道者被社会所唾弃，使他们无处立身，进而认识到“君子爱财，取之有道”的正确观点。

所以，老子说“不尚贤，使民不争”，意思就是不崇尚贤者虚名，使民众不为争名而不择手段；“不贵难得之货，使民不为盗”，不崇尚金钱至上，使民众不为争财而沦为鸡鸣狗盗之徒；“不见可欲，使民心不乱”，不推广产生各种妄欲的场所和项目，使民众的心思不被扰乱。

我们应该倡导什么呢？“虚其心，实其腹；弱其志，强其骨”，应该倡导充实灵魂和强健体魄的项目，使人们淡化对妄欲的追求，弱化执迷妄欲的享受，从而树立正确的价值观，改善社会风气。进而使民众不执迷于放纵妄欲，使智巧狡诈之徒没有生存空间。这就是无为之治的具体内容和目标。

第四章　化冲突为圆融的生活艺术

道冲，而用之或不盈，渊兮似万物之宗。挫其锐，解其纷，和其光，同其尘。湛兮似或存，吾不知谁之子，象帝之先。

【注解】

道冲，而用之或不盈，

冲：视若空虚，但又有看不见的物体上下相冲的运动，就像南北极磁场的互动，就像阳光普照大地时地气上升与阳光相融合而产生的气候变化。

盈：盈满。

大道视若空虚，却像磁场的阴阳两极相互交融一样，永不停止地存在着。那么，我们应怎样运用它、效法它呢？我们或许可以效仿它持续的运行和变化，以及从不静止和自满的状态。

渊兮似万物之宗。

渊：深，打着漩涡的水。

大道的运行和变化就像打着旋涡的水流一样，充满活力且永无止境，好似产生万物的宗祖。

挫其锐，

挫：折断。

锐：薄而尖。

它能冲磨掉人们的尖薄品性，使其回归淳朴。

解其纷，

它能解放人们内心的纷杂和迷茫，使其明心见性。

和其光，

和：合适，最适宜的状态。

它处上不耀眼，处下不暗昧，用最合时宜的外在表征出现在世人面前。

同其尘。

它有才能、有内涵，却不张扬、不清高，不以自己为特殊。

湛兮似或存，

它虽有深渊般的思想和能力，外表却与凡夫无异，所以人们好像看不到它的存在。

吾不知谁之子，象帝之先。

象帝：天地的形象、状态。

我不知道是何时何物产生的大道，它应该在天地未开之前的混沌世界就已经存在了。

【体悟】

《道德经》是哲学著作，是高级智慧的结晶。早在春秋战国时期的“百家争鸣”中，各家学说互相批判，但没有一家学说批判道家，因为各家都从道家的著作中汲取了营养，而道家的思想就来源于《道德经》。如果将中国诸家的学派思想比作一棵大树上的繁枝茂叶，那么《道德经》的思想就是给它们提供营养的深根。把《道德经》的哲学思想视作中华民族的最高智慧毫不为过。

撒切尔夫人有一句名言：注意你的思想，因为它将变成言辞；注意你的言辞，因为它将变成行动；注意你的行动，因为它将变成习惯；注意你的习惯，因为它将变成性格；注意你的性格，因为它将决定你的命运。所以，一个人的命运归根结底还是取决于他的思想。

一个“冲”字，形象地描述了大道的思维模式。这个“冲”并非单方面的冲，而是像阳光下冲与地气上冲形成的大气层一样，又像南极北冲、北极南冲形成的磁场一样，是双方互动后的产物，是动态的融合。效仿这个思维模式用于学习中，具体就是不要迷信于某一论述，要用与之相反的观点与之碰撞，并加以融会贯通，从而形成一个相对成熟的观点。用在为人处事上，就是要多站在双方或多方的立场上进行归纳融合，而不是只站在自己或某方的立场上处理事务。

一个“渊”字，形象地描述了大道的功用和境界。“渊”就是打着漩涡的水流，充满着永无止境的凝聚力和撮合力。当你具备了“渊”的融合思维，就能既挫自己之锐，又挫他人之锐，因为你考虑到了各方的根源观点，所以就不会产生尖锐的冲突。这既能解自己之纷，也能解他人之纷，此时你的智慧已经融会贯通，具备了答疑解惑的能力。所以，面对纷杂和令人烦恼的事情，你总能提出真知灼见。正是因为你对自己的定位是站在全局的立场上，解决问题也是依靠各方的成全，所以就不能过分突出自己，也就自然而然地抵达“和其光，同其尘”的境界。

第五章　大爱无爱的慈悲情怀

天地不仁，以万物为刍狗；圣人不仁，以百姓为刍狗。天地之间，其犹橐籥乎？虚而不屈，动而愈出。多言数穷，不如守中。

【注解】

天地不仁，以万物为刍狗；圣人不仁，以百姓为刍狗。

仁：仁爱。

刍：喂牲畜吃的草。

天地不对万物施加仁爱，是因为天地尊重大自然的选择，就像尊重“自然”对待青草的态度——无论是作为刍草用于饲养牲畜，还是割下来扎成用作祭祀的、没有肉体和灵魂的狗，都不加干涉。不以自己的利益和以人为本的道德标准来批判万物，因为这是违背大自然的，是目光短浅的。我们在实践中发现，当我们对一类事物产生仁爱，就会对相反的事物产生厌恶，这使人处于无尽的烦恼中无法摆脱。很多时候，我们的厌恶并不是对的，只是由于我们对它本身的了解不透彻、不深入。比如，我们厌恶蚊子，那是否要灭光它？经过研究发现，灭光了蚊子，也就灭光了以它为食的若干鸟类和以蚊子的幼虫为食的若干鱼类，从而破坏了物种的多样性。更何况也灭不光，即使灭光它，也会有其他类似的物种替代它。再比如恶狼害人、害牲畜，但如果狼没了，草原也就变成了沙漠。这个画面在《狼图腾》这部书中叙述得淋漓尽致。恶人害人，将他们作为反面教材来看，就会发现他们的行为都是我们人性恶的一面的放大，没有他们的验信结果，我们就不会关注自我的修养。蚊子、恶狼、恶人，只要控制在合理的范围内，也有其积极的一面。所以，明智的人效法天地的品性，大爱无爱与天地合德，不对百姓施以仁爱治理，尽最大可能尊重自然生态链的选择。

天地之间，其犹橐籥乎？虚而不屈，动而愈出。多言数穷，不如守中。

橐籥：风箱，中空而有进口和出口的木箱。

屈：匮乏，如理屈词穷。

数：古代同“术”，技艺、学术、方法、套路。

言：指事。甲骨文中是“有事讲出来”的象形字。原意指事情，引申为言论、讲话。在此为原意。

中：中华民族的文明密码。“中”字由“○”和“丨”组成。“○”指大道，因大道无形无象，但有循环往复的规律存在，无法表达，但又不得不表达，只能勉强用“○”来表达。无论把“○”看作静态还是动态都是一样的，比较符合大道的两种形态。“○”内部空虚，线条弯曲且柔和，比较符合大道谦虚不盈满、内部空虚无杂物、行动枉曲而柔弱的特性。“〇”无首无尾，环绕周全，无有微漏，站在圈外视内部密不可见，它符合大道在主张行动时考虑周全，欲封合时密而不见的特性。“〇”混为一物不分阴阳正反两面。分开就是阴阳，是太极，阴阳互动产生万物。所以，它符合大道的中空、包容、无有割舍、没有分别心的品性。“丨”是直行，和“〇”合起来就是在大道中直行。引申为依照大道的品性规范修为自己的品行，做到阴阳平衡，不偏不倚，上下中正。这就是“中”。

天地之间就像一个中空无物的大风箱，无私无爱，无有一物，但它的作用却从不匮乏。风箱的两头就像一开一合的阴阳两扇门，越拉动它，产生的能量就会越大。如果不依照事物阴阳变化规律来做事，一味地以自我为中心，结果只会是黔驴技穷，徒劳无益。所以，我们应该遵循阴阳消长的变化，守持最合宜的中正状态去施以行动。

【体悟】

人是万物之灵，但也是万物最大的破坏者。生态环境被破坏的根本原因，就是人类太仁爱自己了。为了创造人类的物质财富而去破坏大自然的生态系统，这种自私的做法反而得到的是伤害人类的结局。所以，《道德经》不提倡狭隘的仁爱，因为仁爱一方，就会伤害另一方，而另一方的报复则成了被仁爱一方的伤害，因此维护生态链的平衡才是正确的做法。

人际关系和谋划处事也是如此，它们也存在相应的生态系统。你对其中一方的偏袒和仁爱，其结果就是伤害了大家。比如，对孩子的偏爱，结果是害了孩子、毁了家庭；对弱者的偏爱，结果是纵养了一个不自立的人。所以，如果你想仁爱谁，就应该指导他如何改变自己在生态链上的位置，而不是狭隘的偏袒和仁爱。

在人世间处事，我们要明白道理。什么是“道”呢？老子把“道”比作风箱，一个方形木箱或一个皮囊，两端都有进气口，在推拉之间，就把外界的空气压缩到另一个侧室中，并在那里通过排气口排出去，产生风能的功用。空气虽然看不见，但是你拉动得越快，产生的能量就越大。两端进气口的配合就是阴阳的配合，也就是在现实处事中，越是加快阴阳的配合频率，产生的能量就越大。而不懂这个规律，就没有创造力，结果就是吃老本，最终黔驴技穷。

要想改变一个人或一件事物的现有状态，并不是施以仁爱就能够解决的，只有进行阴与阳的配合，才能从根本上解决问题，因为“一阴一阳”才是道。比如说在经济上帮助一个人，金钱和物质的馈赠看似很仁爱，却只能让当事人坐吃山空，或者助长他的惰性。只有考虑到他的特点，帮助他培养一技之长，才能从根本上解决问题。又如解决失恋问题，你尽力地安慰和陪伴看似很友爱，其实对当事人没有多大帮助，给他寻觅另一个合适的对象来匹配，才能让他快速地从失恋中解脱出来。再如做生意，你的产品或服务匹配得客户越多，生意才会做得越大。

明白了这个道理，也就明白了“天地不仁”和“圣人不仁”的含义。因为“仁爱”就像一个花瓶，好看却不中用，只有施以阴阳大道，才能从根本上解决问题。这就是大爱无爱的慈悲情怀。

第六章　做一个像山谷那样谦卑包容的人

谷神不死，是谓玄牝，玄牝之门，是谓天地根。绵绵若存，用之不勤。

【注解】

谷神不死，是谓玄牝，

谷：中央空虚为谷。

神："示"加"申"为"神"。古义为启示人的智慧，使之延伸谓之"神"。

死：骨肉与灵魂分离，指失去了生命力。

玄：像天一样奥妙深邃。

牝：丘陵为牡，溪谷为牝。"牡"引申为强硬、高调，指不利于万物的生存居所；"牝"引申为谦卑、柔和，指化育万物的场所。

大道像空虚而能包容化育万物的山谷一样，能衍生你的智慧并使其无限增长，使你具有旺盛的创造力。它是化育万物的本源。

玄牝之门，是谓天地根。

它运用阴阳作为两扇门，开合之间变化产生了万物，成为营造天地万物的根源。

绵绵若存，用之不勤。

勤：源源不断。

它绵绵不断地作用于万物，由于它无名无象，所以是若有若无的存在，但应用起来却绵绵不绝，无有穷尽。

【体悟】

这一章篇幅虽然很小，但我个人认为它是《道德经》的思维主脉。山的底坳之处为"谷"，正因为它的"低"和"空"，才能营造出一个适合各种动植物生存的环境。《易经》"大畜"的卦象是上山下天，就是指大的储蓄都是在"低"且"空"的山下才能产生，说的就是这个规则。

"谷神"中的"谷"就是中央空旷的山谷；"神"字的繁体字是"示"加"申"的组合，就是指通过某一个启示，延伸了我们的智慧。"谷神"这个词的意思就是内心要像山谷一样，只有保持谦虚包容的状态，才能使你的智慧和能力无限增长。"死"就是失去生命力，"不死"就是充满生命力。"谷神不死"就是谦虚包容的心态，使你的智慧和能力无限增长，从而产生了无限的生命力和创造力。“玄”是奥妙，“牝”是溪谷，“玄牝”，就是会像奥妙低洼的溪谷一样，能够绵绵不绝地孕育万物，无穷无尽。

无论道家、佛家还是儒家，在这一点的理解上都是相通的。以至谦的低姿态，无我的努力奋斗，为大家营造一个欣欣向荣的环境，最重要的前提就是谦虚包容的品性。如果没有这一品性的存在，一切知识和理想就像没有土壤的种子，永远不会发芽和成长。

第七章　成就伟大事业的真谛

天长地久。天地所以能长且久者，以其不自生，故能长生。是以圣人后其身而身先，外其身而身存。非以其无私邪？故能成其私。

【注解】

天长地久。天地所以能长且久者，以其不自生，故能长生。

天地之所以能长久地存在，是因为它们并非为自己而生。它们无私地营造了天地的空间，使万物在其中生长变化，天地本身反而达到了长久地生生不息。

是以圣人后其身而身先，外其身而身存。非以其无私邪？故能成其私。

先：尊崇，如先本拙末。

明智的人与天地合德，无私地奉献自己、成就众人，从而受到大家的尊崇，同时也成就了自己天地一样的格局和胸怀。

【体悟】

一个人如何才能自然而然地实现伟大的抱负？在这一章，我们将得到答案。

生生不息的天地，孕育承载着古今万物。万物虽然在生存的时候感到天地就像是为它而存在，但是在死亡的时候免不了有白驹过隙的感叹。万物之所以短寿，是因为它们活着是为自己而活，它们死亡与否不会对外界产生任何影响。天地之所以长存，是因为它们的存在不是为自己而存在，天地如果消亡，对大家的影响不言而喻，这就是天地无言的教诲。明智的人对这个道理有深深的感悟，所以他与天地合德，常常无私地奉献自己，成全大家，他的忘我行为却被大家深深地铭记。他常常设身处地为大家着想，名利面前甘居人后，危险面前又将生死置之度外，大家怎会不拥护这样一个人呢？难道他不是真正的无私吗？正因为他是真正的无私，才拥有了长久而伟大的成就。

第八章　学习水的七种品德

上善若水。水善利万物而不争，处众人之所恶，故几于道。居善地，心善渊，与善仁，言善信，正善治，事善能，动善时。夫唯不争，故无尤。

【注解】

上善若水。水善利万物而不争，处众人之所恶，故几于道。

上：高、至高的品性。

善：善于、吉祥。

几于：接近。

至高的品性，要善于效法水的品性。水善于利益万物而甘于清净无争，恒常流向低洼处作为安身之所，与世人向往高处的追求相悖。但这样谦卑的品性却常常被世人所不耻与厌恶，因为人们多遵循“人往高处走”的处世哲学。而正是这样的品性却是接近于大道的德行。我们为什么要学习水的品性呢？它深层的意义就在以下七种品性。

居善地，

居：处所。

水的起点在天上的云和地上的高山冰川，中途滋养万物，终点是天下最低洼而宏阔的大海，这形成了它的格局和胸怀。这是它的第一品性。

心善渊，

渊：外边大框象水潭，里面是打漩的水。

水面清澈平静，但实际上却深不见底。外表静若止水，水下漩涡暗涌，内心深邃不可揣测。这是它的第二品性。

与善仁，

与：交往，如相与。

水不以自我的喜恶而有所亲疏，它无私滋养万物，包容与大爱。这是它的第三品性。

言善信，

信：真实、验证。

水平静无欲，映物以真，真实诚信。这是它的第四品性。

正善治，

水洗涤污垢，还万物以真实面目，而自身却依然保持平静状态，以还原万物之真实、清白为己任。这是它的第五品性。

事善能，

水随圆就方，可大、可小、可汽、可冰，它适应外部一切环境并善于改变自我状态。这是它的第六品性。

动善时。

动：发动、变化。

水冷凝热释，择机而变动，应期而动，不失天时。这是它的第七品性。

夫唯不争，故无尤。

正因水利益众生，不犯众物，故不招怨恨，无有过失。

【体悟】

生于天地之间，我们应该做一个什么样的人？老子认为，一个有理想、有抱负的人要善于效仿水的品性。这是因为水努力做事，不争名夺利，是接近于大道的德行。在具体做法上，我们要参悟水的以下七种品性。

一、居善地

水从高处流向低处的前提是有高度，没有高度如何向低处流？所以，我们讲一个人谦虚低调，首先有一个前提条件，那就是这个人要有高度。一个胸无点墨、自私懒惰的人，有什么谦虚低调可言？所以想要谦虚低调，首先要有谦虚低调的资格。你要想“善利万物”，必须要有“善利万物”的能力；要想流归大海，必须要有融入大海的实力和积极心态。

二、心善渊

深渊里的水，不会因为雨量大而升高，不会因为干旱而枯竭，因为它通的是地下暗河。它的状态和能量不假外求，也不会被外界所左右，它的状态和能量全部来源于自我的内心深处。所以，一个人内心的底蕴就是他源源不断的能量来源。如果你的内心像深渊一样空间无限，又何愁没有伟大的事业呢？

三、与善仁

水善于给予，无论是喜欢还是厌恶的人，它都一视同仁。与人为善就是仁德博爱的品性。很多人的付出和给予是有选择性的，选择的对象是其认可的“自己人”，以为这样有利于团结，但实际上这只不过是狭隘的江湖义气，最多也就是小家子气的好人。团结的意义是什么？是团结和我们意见、方向不同的人，这样团结才有存在的意义。所以，无私给予的与人为善才是博爱的品性。

四、言善信

无论你的身份有多尊贵，才能有多大，一旦说话办事失去诚信，你的优势就会马上归零。即使你是一个很平凡的人，如果能做到诚信，也会因你的人品而赢得尊重。

五、正善治

我们观看京剧、豫剧等戏剧的时候，官员办公桌的背景多是同一个图案：上面是太阳，代表无私；底下是水面，代表公正；合起来就是公正无私。《道德经》第五十七章开篇也是“以正治国，以奇用兵”。所以，治理一个家庭或者团队，乃至一个国家，不以“正”治，就会因歪斜而倾倒。而水无论怎样流动，静止后的水面永远是平的。

六、事善能

水可以随圆就方，可雾可冰，它时刻随外部环境的变化而变化。我们的烦恼很多都来自对外部环境的不满，而解除烦恼的途径，只能是依靠自身的改变，对于我们的力量不足以改变的外部环境只能适应。

七、动善时

岁月是年复一年的春夏秋冬，人生也似波浪一样高低起伏。随着时代的变化，我们要及时调整自己的行动和心态，该出手时就出手，该潜伏时就潜伏，这是适应天时的明智之举。

通过以上对水之七性的品悟，可以看出“上善若水”对我们的人生具有重要的指导意义。如果我们能够学会水的这些品性，做人做事必将如鱼得水、水到渠成。

第九章　物极必反的人生大智慧

持而盈之，不如其已。揣而锐之，不可长保。金玉满堂，莫之能守。富贵而骄，自遗其咎。功遂身退，天之道。

【注解】

持而盈之，不如其已。

持：保持、遵守不变。

已：停止、完结。

事物是阴阳互动且变化的，阴阳相对平衡是最佳状态，保持独阴或独阳的单方面盈满，不如立刻停止，不然会造成物极必反的倾覆发生。

揣而锐之，不可长保。

揣：击打、使之锋利。

锐：薄而尖利。

击打刀剑虽会使之变得尖利，但同时也会使它变得硬脆，容易折断而不利于长久保存。

金玉满堂，莫之能守。

多余的金钱是社会对保有者调配劳动力和生产材料所赋予的权利，是让他完成利益大众的历史使命，是有大德性的人才具备的权利。满屋的金玉说明他的福德很大，不让满屋的金玉出门行使使命，而乐于做守财奴，说明他没有德行。没有德行的人必受天谴，又怎么能长久地守持住金玉呢？这就是厚德才可载物。

富贵而骄，自遗其咎。

咎：罪过、灾祸。

富贵的人本有能力来帮助贫贱者，现在却骄傲自大，轻贱卑微者，这是自找天谴罪过。

功遂身退，天之道。

遂：如意、成功。

天道是利益众生而忘我，为利益天下而尽己所能达到成功。所以，明智的人身处高位要与天道合德，这样才不会有灾祸发生。

【体悟】

“月圆则亏，水满则溢”的道理大家都知道，但许多人不明白“圆”和“满”的真实含义。《道德经》所说的“圆满将覆”指的是人的心态，而并非指事业，很多人误解了“物极必反”的思想，认为凡事差不多就行了，何必非要追求圆满呢？于是，凡事都“差不多”的人生信条就成了偷懒者的护身符，《道德经》也随之成了消极避世的代名词。现在，我们将这一章深入解读一下。

一、持而盈之，不如其已

不要奢望凡事都必须达到完美的结果，只要自己竭尽全力就可以了，因为总有很多不可控的因素存在。比如你是学生，平时成绩很好，有可能考上理想的大学，但高考的时候却正好生病了，或者路上出车祸了，等等，这都不是我们可以控制的因素，你可以掌控的，只有学习上的竭尽全力。“尽人事，听天命”是最积极的心态，凡事都想达到完美，是不切实际的愚昧心态。

二、揣而锐之，不可长保

精致的利己主义者，尖薄对人，以期望达到自己事事圆满，其实是把自己的人生用圆给圈住了，大家都会对你避而远之。这样一来，你还有什么幸福可言？有什么地位可长期拥有？

三、金玉满堂，莫之能守

“迷人修福不修道，只言修福便是道”，讲的是执迷于“金玉满堂”就是福，而不修养品性的人。其实“金玉满堂”很可能是招引邪恶的源头。因为，如果没有厚德来载物，“金玉满堂”反而会成为埋葬自己的“坟头土”。所以，我们应该明白“悟人修道不修福，明白修道即有福”的道理。

四、富贵而骄，自遗其咎

一个人外在身份的富贵，也只是自己的富和贵，只有对社会有贡献，大家才会认可你的富贵。如果倚仗自己的富贵，骄傲自大、轻贱伤害他人，谁会认可你的富贵呢？这样做只会给自己招致祸患。

总之，“月圆则亏，水满则溢”，绝不是凡事“差不多”的消极态度。老子在本章最后做了总结：“功遂身退，天之道。”即使达到这些外在名利的成功，也不要产生“圆满”的心态，内心要从外在的功成名就上退却下来，这就是天道的品性。

第十章　弄懂这六个问题，你就接近了天道

载营魄抱一，能无离乎？抟气致柔，能婴儿乎？涤除玄览，能无疵乎？爱民治国，能无为乎？天门开阖，能为雌乎？明白四达，能无知乎？生之、畜之，生而不有，为而不恃，长而不宰，是谓玄德。

【注解】

载营魄抱一，能无离乎？

营魄："动以营身谓之魂，静以镇形谓之魄。"故"营"指"魂"，"魂"指人体的阳气，构成人的思维才智；"魄"指人体的阴气，构成人的感觉形体。"魂魄"协调则身心健康，阴阳平和。

抱：互相、协作，如抱团取暖。

一：原指顺大路直行，目不斜视，遵循本性，本心的大道德行，它分开就是阴阳两端。这里称作"整体"。

"人"是肉身和灵魂的结合体，有肉身无灵魂是空虚的行尸走肉，无肉身有灵魂是鬼神，无肉身无灵魂则会魂飞魄散，归于无物。所以，让我们的肉身（阴）承载着灵魂（阳），使它们互相协作成为整体，能做到须臾不离吗？

抟气致柔，能婴儿乎？

抟：原指把东西揉弄成球形，引申为聚结散乱的精、气、神。

气：精神状态、情绪，如怒气、和气、志气。

柔：植物初生而嫩软的状态，引申为具有柔韧的生命力。

把我们散乱的精、气、神聚结在一起，能像初生的婴儿一样柔软，达到不断增长我们的智慧，从而具有旺盛的生命力吗？

涤除玄览，能无疵乎？

涤除：清洗去除。

玄：这里指虚假、不真实，如玄想、玄幻。

览：观赏美景，引申为外界的繁杂。

疵：缺点。

清除外界妄欲横流的繁杂干扰，永远保持平静的内心，能做到没有瑕疵吗？

爱民治国，能无为乎？

无论交友处事，还是从政治国，能做到不以个人利益和观点为中心，顺应事物综合变化的趋势而采取行动吗？

天门开阖，能为雌乎？

天门：心念及言论。

阖：合。

雌：柔弱且具有创造生命的能量。

心念和言论在开合运转之间，能不争强好胜而守住柔弱平和的心态吗？

明白四达，能无知乎？

明：日光加月光，合为“明”。指阴、阳皆清楚，对事物了解得全面而透彻。

四达：“四”指东、西、南、北方向；“达”原指在大路上行走，引申为顺畅贯通；“四达”指无所不通。

知：同“智”，智巧、聪明。

诸事明白透彻，能不凭智妄为吗？

生之、畜之，生而不有，为而不恃，长而不宰，是谓玄德。

玄德：以大道为本的行为。

大道产生万物、育养万物，却不据为己有。一切行为不以得到回报和奉养为目的，辅助万物成长变化而不主宰它们的命运，这才是以“道”为本的德行。

【体悟】

“玄德”是以“大道”为本的外显行为，天道的智慧和能力由它实施和体现。那么，对于是否具备“玄德”的标准，《道德经》从六个方面对它进行了考证。

一、载营魄抱一，能无离乎

做人做事能达到知行合一吗？是否有“知而无行”或“行而无知”的行为呢？

二、抟气致柔，能婴儿乎

能否不挑剔外界的环境，而永远像婴孩那样专心致志地做事呢？是否存在因对外界环境不满意而自暴自弃，或者存在让外部环境来适应自己的情况呢？

三、涤除玄览，能无疵乎

能否永远保持澄净，不被妄欲所牵引而没有瑕疵？是否存在偶尔也会放纵一下的妄欲？

四、爱民治国，能无为乎

管理团队能否做到量才为用、集思广益为大家谋福而不自私专横？是否存在任性妄为、以权谋私的行为？

五、天门开阖，能为雌乎

能否让我们的思想和语言在变化之中始终保持平和稳重的状态？是否会因自己的喜恶而产生烦躁强横的情绪？

六、明白四达，能无知乎

能否不倚仗自己的博学多识而任意妄为？是否存在刻苦学习就是为了任意妄为？

时刻用以上六条拷问自己、鞭策自己，逐渐积累我们的德行，延伸我们的天道修为，也就增加了我们的能力。

第十一章　格局大小决定成就大小

三十辐共一毂，当其无，有车之用。埏埴以为器，当其无，有器之用。凿户牖以为室，当其无，有室之用。故，有之以为利，无之以为用。

【注解】

三十辐共一毂，当其无，有车之用。

辐：车轮的辐条。

毂：车轮中间的圆木。它能使三十根辐条均匀受力，引申为以寡统众的领导能力。

中央空无的毂能平衡每根辐条的受力，使车轮有了负重承载的能力。内心谦虚无欲才能有以寡统众的领导才能。

埏埴以为器，当其无，有器之用。

埏：揉。

埴：黏土。

器：器皿。

揉黏土做成器皿，正因为它的中空无物，才具备了容纳物品的空间。

凿户牖以为室，当其无，有室之用。

户牖：门和窗。

开凿门窗建造房屋，正因为它的中空才有了居住的功能。

故，有之以为利，无之以为用。

有：显现。

无：隐蔽不显。

所以，具备的“有”，只是产生功用的基础，而只有持守谦虚中空才能发挥“有”的功能。

【体悟】

“三十辐共一毂，当其无，有车之用”这句话，描述的是统领团队的规则。其中，车轮的三十根辐条代表团队的所有成员，接触地面的车圈是固定所有成员的规矩，车轮中间的空轴就是团队的领导人。空轴具有凝聚和平衡三十根辐条的功能，而达到这个功能的关键是内空。所以，领导在团队中起的作用就是既要有凝聚力，又要有平衡下属权力和关系的能力，而达到这个能力的关键就是谦虚的品性。

“埏埴以为器，当其无，有器之用”这句话，描述的是个人成才的规则。器皿的大小决定了容量的大小。所以，一个人积累的智慧和修养厚度决定了他能力和器量的大小。

“凿户牖以为室，当其无，有室之用”这句话，描述的是安身立命的法则。挖凿空洞所产生空间的大小，决定了居住人口的数量。所以，你的修为大小，决定你能给多少人提供遮风避雨的能力。

“有之以为利，无之以为用”这句话，强调的是有和无的关系。中空的品性直接影响了你的领导力，中空的容量等同于你器量和能力的大小。虽然中空谦虚的品性有利于我们的成长，但现实的行动才是体现中空的载体，它们是体用关系。就好比一个杯子，它能提供中空的容量，这就是“有之以为利”，而它中空的部分就是它的功用，这就是“无之以为用”。再比如说学习，学习为“体”，付诸行动是“用”。你格局体量的大小，决定了你功用的大小。所以，努力储备自己的知识量，就好比积累得黏土越多，器皿才能做得越大，而中空谦虚的品性才能把你的容量和能力发挥出来。

第十二章　人生真滋味只能内求，而不是外寻

五色令人目盲，五音令人耳聋，五味令人口爽，驰骋畋猎令人心发狂，难得之货令人行妨。是以圣人为腹不为目，故去彼取此。

【注解】

五色令人目盲，

五：众多的意思。

目：想要达到外在的结果，如目的。

执迷于眼花缭乱的外在境地中令我们迷茫，像眼瞎了一样不知所措，反似什么也没看见一样。

五音令人耳聋，

执着于外界繁杂的言论观点之中，令我们没有了主见，反似什么也没有听到一样。

五味令人口爽，

爽：差失、失真，如爽约、爽信。

执着于众多的欲望中来感受人生的真滋味，反而品味得越多越失真，因为人生的真滋味是恬淡。

驰骋畋猎令人心发狂，

驰骋：骑马奔驰，自由或随意走动。这里是骑马奔驰的意思。

追逐众多的欲望目标则会因迷失自我而内心狂乱。

难得之货令人行妨。

妨：妨碍。

拥有稀罕难得之物，会束缚自己的思想和行动，妨碍自由和洒脱的品性。

是以圣人为腹不为目，故去彼取此。

腹：内在。

所以，明智的人始终把关注自己的内心和灵魂放在首位，不因生理需要、外物累扰而抛本纵欲，选择坚守清静、去伪存真，才会拥有真实的自我和人生。

【体悟】

到底是什么导致了“目盲”“耳聋”“口爽”呢？是贪得无厌的欲望。比如我们现在物质生活提高了，反而吃什么都不香，总感觉没有小时候的味道。虽然有食材品质下降的原因，但主要还是因为我们涉猎的食物太多。经常辟谷的人最有体会，辟谷后的第一餐最香，即使最普通的一粥一饭，也能沁人心脾，齿唇留香。

想要体会“驰骋畋猎令人心发狂”的场景，可以参观一下赌博现场。赌徒发狂的心态已经迷失了人性。“难得之货令人行妨”的人，就是渴望通过拥有稀有之物来满足自己的人，而他自身也恰恰被稀有之物所束缚。他的思想和行为都是在围绕着“难得之货”转圈，反而迷失了真正的自我。所以，人生的真滋味只能内求，而不是外寻。这就是“圣人为腹不为目，故去彼取此”的原因，“腹”是内在，“目”是外寻。

一切烦恼、空虚、无聊的根源，都是由于智慧不足和精神世界匮乏造成的。想杜绝它们，只能靠丰富内心。而内心的丰富，只能靠全身心的工作和学习，而不是外界的感官刺激和物质的享受。如果一味地向外界寻求解决方法，结果大都是“酒入愁肠愁更愁”。所以《坛经》中说“菩提只向心觅，何劳向外求玄”，意思就是想要开悟智慧，使精神充实而透彻，只能向内心深处去寻找，向缭乱纷杂的外界寻找只会徒劳无益。

第十三章 为什么我们总是患得患失

宠辱若惊，贵大患若身。何为宠辱若惊？宠辱为下，得之若惊，失之若惊，是谓宠辱若惊。何谓贵大患若身？吾所以有大患者，为吾有身，及吾无身，吾有何患！故贵以身为天下者，则可以寄于天下；爱以身为天下者，乃可以托天下。

【注解】

宠辱若惊，贵大患若身。何为宠辱若惊？宠辱为下，得之若惊，失之若

惊，是谓宠辱若惊。

宠：上位者对下位者的亲近。

辱：被人看不起。

人为什么会产生宠辱若惊的感受呢？只有把自己定位为下位的人，才会有宠或辱的感受，才会有因受宠而感到惊喜，因被别人看不起、不被重视而感到失落的心情波动。这都是自卑、不自信的结果。

何谓贵大患若身？吾所以有大患者，为吾有身，及吾无身，吾有何患！

患：忧患。

是什么原因导致我们有很多的忧患呢？是因为太重视自身的得失了。如果达到无我的豁达境界，还有什么患得患失的忧愁呢？

故贵以身为天下者，则可以寄于天下；爱以身为天下者，乃可以托天下。

寄：依靠、依附，如寄居、寄生。

托：承载、托付。

所以，重视自己荣辱得失的人，只能依附在别人的眼光中生存。只有施大爱于天下、忘却小我的人，才会承担造福天下的使命。

【体悟】

人是一种奇怪的生物，经常在被宠爱或被轻视的心情影响下不知所措，也经常在得失之间惶恐不安。这些不良情绪是如何产生的呢？老子在这一章中进行了阐释。

老子认为，人们的内心之所以会产生被宠爱或被轻视的感受，原因在于把自己的身份定位于低人一等，就像一个孩子在父母面前，常常因为父母对自己的不同态度而产生被宠爱或被轻视的感受一样。如果你因别人的态度产生了这样的感受，只能说明你的心智不够成熟、人格不够独立。谁又愿意和一个不成熟、不独立的人交往呢？你只能让别人心里感到牵累，从而选择躲避你。所以，只有努力提升自己的修养和能力，自立自强，才能达到“宠辱不惊，闲看庭前花开花落”的境界，才能让自己身心不惶恐，让别人内心不牵累。

人们的内心之所以常常忧患重重，就是因为把得失看得太重，就像一个上学的孩子，整天考虑别人考了多少分、自己考了多少分，想着班级排名，想着以后会考到哪所学校，整日愁眉苦脸，唉声叹气，而对于学习本身却像在应付差事。很多孩子都存在这样的问题，我们成人又何尝不是如此呢？我们常常为了名利、得失把自己搞得心惊肉跳、夜不能眠，对于工作本身却只是应付了事，对于如何提升品德和做出社会贡献更是漠不关心。也有一些人，把说话办事的重点放在表现自己高人一等上，或者为了证明自己是对的，从来没有过错，反而把事情本身放在了次等位置上。这些人难道真的不知道只有“厚德”才能“载物”的道理吗？难道他们劳心费神地争着去“载物”，却不知道超负荷会带来车毁人亡的道理吗？所以，只有专注于个人素养的提升，放大自己的格局，才能摆脱患得患失的惶恐心态。

老子在本章最后做了一个总结，他说：“故贵以身为天下者，则可以寄于天下”，一个重视荣辱得失的人，说明他只能依附于别人或外物而存在。只有“爱以身为天下者，乃可以托天下”，只有忘却小我的荣辱得失，具备慈爱天下的大格局者，才会承担起造福天下的使命，成为受大家尊重的栋梁之材。亲爱的读者，你愿意选择做哪一种人呢？

第十四章　修悟大道的要领

视之不见名曰夷，听之不闻名曰希，抟之不得名曰微。此三者不可致诘，故混而为一。其上不皦，其下不昧，绳绳兮不可名，复归于无物，是谓无状之状、无物之象。是谓惚恍。迎之不见其首，随之不见其后。执古之道，以御今之有，以知古始，是谓道纪。

【注解】

视之不见名曰夷，听之不闻名曰希，抟之不得名曰微。此三者不可致诘，故混而为一。

诘：追问、查究到底。

一：整体。

抟：把东西揉聚成团状。

大道的状态视之不见、听之不闻、聚之不得，这三种状态分别叫作“夷”“希”“微”。这三种状态刨根问底也说不清，所以暂时把它们混合在一起像编绳索一样编成一个整体，从而尽量地描述它的状态。

其上不皦，其下不昧，绳绳兮不可名，复归于无物，是谓无状之状、无物之象。是谓惚恍。

皦：耀眼。

昧：黑暗。

绳绳：编成绳索。

大道处上不炫耀、不耀眼，处下不自卑、不昏昧，它就像一条用“夷”“希”“微”混编而成的绳索一样，不可追究、区别、归类，只能复归于空无的状态。所以，只能描述它为“无状之状、无物之象”，它是恍恍惚惚、若有若无的存在，只能用心来感悟。

迎之不见其首，随之不见其后。执古之道，以御今之有，以知古始，是谓道纪。

御：驾驭。

始：根本、最初。

面对它，看不到它的起端；追随它，看不到它的终点。而执守运用这个远古就存在的大道，却能驾驭现在的一切事物。虽今古不同，时移俗易，但古今万物都是在大道的纲纪中变化的。

【体悟】

大道究竟长什么模样呢？老子在这一章给出了答案。

老子认为，一切事物的深处都存在一个隐形的规律。这个规律看不见、听不到、抓不住，这三个无形的因素刨根问底也说不清，而这就是大道的特征。所以，大道只能靠“悟”，明白了学道就是悟道，也就明白了学道的途径和要领。

如果你翻阅过《金刚经》，一定会对老子的回答感到熟悉且亲切。《金刚经》中有一段关于“如来”的释义，与本章对大道的描述不谋而合。《金刚经》中说：“凡所有相皆是虚妄，若见诸相非相，则见如来。”意思就是，一切事物的相状都是虚妄不清的，都是各种隐约的因缘和合而成的，其本性为空，如果不再执着于它的外相为真相的想法，也就识见了世间真谛。

老子认为道不可名状、无物可讲，但是它又真实地存在。因此，它是一种“无状之状、无物之象”的恍惚状态。所以，我们不能凭借任何真实的相状观见大道，只能靠心去参悟。《金刚经》中也有同样论述：“若以色见我，以音声求我，是人行邪道，不能见如来。”意思就是，若想凭借具体的相状观望到如来，或者想凭借真切的声音寻找如来，那这个人就是走在了错误的修行道路上，永远不能证见如来。因为，如来就是对一切事物真实相状的觉悟，它无状无象，所以不能凭借任何相状见到如来。

老子认为，我们每天都面对大道的存在，却看不到它的具体容貌，每天都随着它走，却看不见它的尾端，但它却能贯穿古今，无处不在的指引着社会的发展。只要我们执守着这个远古就存在的大道，就能驾驭一切事物的发展规律。所以，修悟大道就是我们认识古今真理的纲纪和要领。关于这一论述，《金刚经》如出一辙：“如来者，即诸法如义……如来者，无所从来，亦无所去，故名如来。”意思就是，所谓如来，就是觉悟了一切事物的本相，也无时无刻不在觉悟周围变化着的事物本相，不存在来与去的概念，也从未离开我们的左右，觉悟了这个道理就是如来。如来就是古往今来事物的真实相状映现在此时此刻的意思，之所以称它为如来，也就是万物本来如此的意思。

由以上对比可见，伟大的经典具有异曲同工之妙，就好比攀登高山，因为两个人登山的路途不同，所以在半山腰看到的风景有同有不同，但当他们登上山顶后，看到的风景却是相同的。

第十五章　得道有为之人的品性和心态

古之善为士者，微妙玄通，深不可识。夫唯不可识，故强为之容。豫焉若冬涉川，犹兮若畏四邻，俨兮其若客，涣兮其若冰之将释，敦兮其若朴，旷兮其若谷，混兮其若浊。孰能浊以止静之徐清？孰能安以久动之徐生？保此道者不欲盈，夫唯不盈，故能蔽而不成。

【注解】

古之善为士者，微妙玄通，深不可识。夫唯不可识，故强为之容。

自古以来，善于运用大道修为自己的有识之士，言行微妙玄通，深不可识。正因为不可识，所以只能勉强形容他的外表。

豫焉若冬涉川，

豫：行动极其小心的古兽。

他言行谨慎，就像冬天踩着结了薄冰的河流走到彼岸一样小心翼翼。

犹兮若畏四邻，

犹：警惕性很高的古兽。

他时刻保持自省，好似自己犯了法，畏惧邻居告发一样警惕。

俨兮其若客，

俨：恭敬、庄重的样子。

他与人交往，永远态度恭敬、谦虚、自律，好似在别人家做客一样，时刻提醒自己不要冒犯别人。

涣兮其若冰之将释，

涣：涣散。

释：释怀。

他面对困惑和名利的束缚，好似坚冰遇热而化成水一样释然洒脱。

敦兮其若朴，

朴：没有分解的原木。

他品性敦厚，像原木一样质朴无华、未经雕琢。

旷兮其若谷，

他胸怀广大豁达，虚怀若谷。

混兮其若浊。

混：水中夹杂着泥沙杂物的状态。

他像混合着浊物的水，从不离俗而清高。

孰能浊以止静之徐清？

浊：混乱。

静："青"，植物的本初颜色，"争"，两臂高举。"青"与"争"合到一起组成"静"字，意思就是力争去除妄欲，达到初生本色。

谁能让污浊横流的状态静止下来，慢慢地澄清出事物的本真呢？

孰能安以久动之徐生？

安：安乐、安定、安逸。

谁又能让安定已久的死寂状态，慢慢地焕发勃勃生机呢？

保此道者不欲盈，夫唯不盈，故能蔽而不成。

蔽：隐蔽。

想要达到以上两点，必须具备不自满的心态，不满足于自己的认知，守静多思，使自己混浊的思想慢慢变得透彻。我们应不骄傲自满于现有的成就而安享现状，要永远保持勃勃生机。正因为有不自满的心态，所以从不自傲和炫耀，不给成功设立极限，从来没有已经成功的自满心态。

【体悟】

对于道家，绝大多数人认为它是消极避世的处世哲学，这主要来自《庄子》的思想主张。《道德经》作为道家的理论基础，是非常积极而富有智慧的处世哲学。这一章更是鲜明地体现了其积极的一面。

开头一连用了七个比喻句，对得道之士的外显品性进行了描述。

一、豫焉若冬涉川

做事谨小慎微，如履薄冰。

二、犹兮若畏四邻

时刻自省自纠。

三、俨兮其若客

对人谦恭自律。

四、涣兮其若冰之将释

处事明智洒脱。

五、敦兮其若朴

性格敦厚务实，内有才华。

六、旷兮其若谷

心胸豁达，虚怀若谷。

七、混兮其若浊

不自视清高，人我平等。

后面紧跟着对得道之士做事的心态和目标进行了归纳。

一、孰能浊以止静之徐清

面对繁杂的事物，谁又能永远保持平静的内心来对待它，使它化繁为简，清楚明了呢？这就是以静制动。只有静下来，我们才能看到事物最初的真相，才能看清自己的本来面目。

二、孰能安以久动之徐生

一个人长久沉溺于安逸之中，不思进取，谁又能让他慢慢焕发活力呢？这就需要以动制静。

三、保此道者不欲盈，夫唯不盈，故能蔽而不成

一个自负于自己认知能力的人，如果不去提升自己的认知水平、不去深度思考和学习，当面对自己认知以外的事物时，就会不知所措；一个安享成果、不思进取的人，就会随着社会的发展进程而被淘汰，成为温水中被煮的青蛙。所以，这两种人的结果就是迷惘和消亡。只有不满足于自己的认知、不满足于现有成果、不给人生设限的人，才会永远谦虚、不自傲，才会永无止境地成长。

第十六章　修道的进递过程

致虚极，守静笃。万物并作，吾以观复。夫物芸芸，各复归其根。归根曰静，是谓复命。复命曰常，知常曰明。不知常，妄作，凶。知常容，容乃公，公乃王，王乃天，天乃道，道乃久，没身不殆。

【注解】

致虚极，守静笃。万物并作，吾以观复。夫物芸芸，各复归其根。

致：达到。

静：挣脱外界干扰，坚守本性初心。

笃：马嘴上套上竹笼，指避免因外欲分心，引申为高度专心、极度自律。

并：一起。

作：发动、变化。

复：事物的循环往复。

芸芸：万物生机勃勃的样子。

达到虚空无我的极致，守持生命的本性与初心，达到高度专一且自律的修为，从而明心见性，可以察悟到万物循环往复的规则。生机勃勃的万物，经过春发、夏长、秋收、冬藏，复归于本初“无”的状态。

归根曰静，是谓复命。复命曰常，知常曰明。不知常，妄作，凶。

命：生命力。

明：明了、智慧。

能回复到本根无我的状态，就能达到无欲的“静”。能守住“静”，就能产生无限的生命力和创造力，这是恒常不变的法则。明白这个不变的法则，就拥有了智慧；不明白这个法则，放纵妄欲，迷失自我，结果是凶险的。

知常容。容乃公，公乃王，王乃天，天乃道，道乃久，没身不殆。

没：终、尽。

明白万物循环往复的规律，就不会产生执着心和分别心，因为它们都是暂时的，是动态的。这样自然而然也就会有包容心；有包容心，处事就会公平；处事公平则具备了治理一方的能力；具备治理一方的能力和地位，则具备了与天同德的责任；达到了与天同德的德行，则与大道同行；与大道同行而不懈怠，是长久的存在。我们能做到与大道同行，就会受到它的庇护，终身都不会有危险。

【体悟】

这一章是告诉我们修道的进递过程，下面让我们通俗地解读一下。

当你看透一切世俗目标的本质后，就不会再执着于各种妄欲的追求和享受，从而挣脱世俗的束缚，达到极致的无我境界。这时，你的生活将会趋于返璞归真的状态，你的思想和言行也将会守持着生命的纯朴和宁静，对于外界各种妄欲的诱惑，也会产生极度的自律和抗拒。这时，你就能观察出万物循环往复的发展规律，从而达到观察入微且深入全面的境界。

生机勃勃的万物具有不同的生命周期和生长特点，但最终都会回归到它的本根状态，也就是本初的宁静状态。而只有回复到本初的宁静状态，才具备产生新生命的条件。也就是说，只有守住"静"的状态，才能产生无限的生命力和创造力。就像自然界中的各种植物，虽然在春、夏、秋三季中看似生机勃勃，但也只是在完成它们已有的生命历程，而只有万籁俱寂的冬季，才具有孕育新生命的能力。明白了无限的生命力产生于"静"的状态这个道理，并且达到高度专一的清净状态，也就是"守静笃"的境界，那么由此而产生的思想和言行就会很明智。如果做不到静心明性，内心常常嘈杂不堪，人的思想和言行就会混乱、迷茫，结果就会很凶险。

守持着"笃静"的内心，观悟着万物的循环往复，你就不会沉迷在事物的过程和表象之中，从而跳脱出世俗目标对你内心的干扰。这样你的思想就会变得无比豁达和包容，你的言行就会变得无比从容和明智，那么你处理事务的时候就会正确而公正，也就具备了治理一方的领导能力。因为施政的意义在于替上天管理万物，也就是替天行道，所以你行的是天道，天道遵行的是大道的规则，那么你的人生将会与大道同行。自古以来大道一直在长久稳健地运行，与大道同行的你也将拥有长久稳健的人生。

第十七章　管理的最高境界是“无为而治”

太上，下知有之。其次，亲而誉之。其次，畏之。其次，侮之。信不足焉，有不信焉。犹兮其贵言。功成事遂，百姓皆谓我自然。

【注解】

太上，下知有之。

太上：至高无上。

至高无上的管理者，见微知著，明心见性，能做到人尽其才，物尽其用，顺其性而为，把万物调配到最适宜的状态和位置，在不同的阶段制定最合时宜的制度，使下属各安其职。所以，大家只限于知道他的存在，这就是大道的无为而治。

其次，亲而誉之。

其次，运用不了无为之治的施政者，只能会倡导以仁爱来施政。他们标榜仁爱，以身作则，受到了下属的亲近和赞誉。所以，下属也会把仁爱的品性作为最高标准。但仁爱和赞誉也容易诞生虚伪和狡诈。

其次，畏之。其次，侮之。

再其次，连仁爱也不倡导的施政者，只依靠权威来施政，使下属对他产生畏惧，从而产生敌对局面，埋下了覆灭的隐患。最后，连权威都不具备的施政者，只能沦落到被下属侮辱的境地，这距离失败也就不远了。

信不足焉，有不信焉。

信：真实，验信结果。

施政者都想把政务处理好，但因为自身对真实的大道修为参悟不足，达不到“太上，下知有之”的无为之治，从而各有偏执，才有了亲誉、畏惧、侮辱三种不同的验信结果。

犹兮其贵言。功成事遂，百姓皆谓我自然。

犹：保持警惕。

言：言论及言论产生的行动。

遂：如意。

自然：古时写作“自燃”，指通过灼烤龟甲使之产生裂纹，用于预测事物的发展变化，故有“火”字旁。后来，古人把“火”字旁去掉，引申为不通过“火”（指一切外在的力量）的干预，通过自我演变而达到最终的稳定状态，也就是“自然”。

时刻保持警惕，观察人性和事态的变化，不要轻易发表言论，做到无为而治，等到功成事遂时，让下属认为他们本来就应该这么做，认为这都是自然而然的结果。

【体悟】

世界上最高超的艺术就是领导艺术，“无为之治”代表了领导艺术的最高境界。怎样才能做到“无为之治”呢？除了定好制度、用对人之外，主要在于领导的心态保持在一个什么样的状态。《六祖坛经》中有一句偈语对此说得很贴切：“说通及心通，如日处虚空。”这句偈语用在此处非常合适。对无为之治领悟通透的内心状态，就像悬挂在空中的太阳，它既不做现实中的具体事务，也不会隐而不见、无所事事。因为太阳落到现实的土地上就会烧毁万物，万物就不能正常地生长。领导如果做具体的工作，就会干扰下属的职责，影响工作链的正常运行。太阳如果隐而不见，归入视不可及的宇宙，也就失去了它存在的意义。同样，领导如果无所事事、形同虚设，也就失去了领导存在的意义。太阳悬在半空中只做两件事——为万物提供光和热。光照使大地明朗，热量为万物提供能量。我们应让万物在太阳的照耀下，按照自己的生长规律自然地发展。领导者的心态应该既要像太阳一样，无私地为下属提供光和热，让专业的人做专业的事，只在制度层面约束大家按规则、制度来运行；又要像太阳一样，根据季节调整光照时间，从而促进农作物的生长，也就是随着局面的变动，对人员进行恰当地变动，对制度进行适当地调整。这样一来，每次功成事遂的时候，大家都认为这是本来就应该发生的，是自然而然的结果。

第十八章　要从根本上解决问题，而不是标榜什么

大道废，有仁义；智慧出，有大伪；六亲不和，有孝慈；国家昏乱，有忠臣。

【注解】

大道废，有仁义；智慧出，有大伪；六亲不和，有孝慈；国家昏乱，有忠臣。

废：停止、不再使用。

智慧：聪明、机巧。我们现在讲的“智慧”是佛学用语。

六亲：指法不同，较早的一种说法是指父、母、兄、弟、妻、子，泛指亲属。

达不到大道的无为而治，才会倡导仁义治国，伴随仁义贤名的倡导，出现的是虚伪的仁义道德和聪明巧诈。以至于孝敬父母、友爱亲朋这些人之本性，还得用孝慈来教导。国家提倡官员忠心守职，这是国家已然混乱的标志。

【体悟】

“亡羊补牢”是积极的做法，但不是最积极的做法。我们应该深刻反思“亡羊”的根源问题：是羊圈年久失修，还是外部因素破坏力太强？只有把根源问题解析明白，建立起长效的机制和预案，才能防患于未然。

事实上，“补牢”只是被动的防御机制，只提倡“补牢”的观点，并不能从根本上解决问题，只有把根源问题分析透彻，才能制订补牢的具体方案。比如：“补牢”用什么材料？是木材还是金属？木材用哪种木材？金属用什么质地的金属？什么高度最为合适？它们的优缺点又是什么？所以，提倡仁义、智巧、孝慈、忠臣都只是“补牢”的做法，我们并不反对，但不能把它们作为倡导的重点。我们应该从根源上找原因，而根源正是因为缺失了最朴实、最有智慧的大道治理，所以才出现了“亡羊”的局面。

总之，仁义、孝慈、忠于职守，犹如一棵大树上的枝叶，是一棵健康大树正常的状态，而它们都依赖看不到的树根来滋养。这树根就是朴实的大道。不重视对树根的养护，只尊崇对枝叶的养护，是本末倒置的愚昧行径。失去了大道这个树根，地面上的树怎么能长久生存呢？这些都是失道的结果。

第十九章　初心的奥义

——见素抱朴，少私寡欲

绝圣弃智，民利百倍；绝仁弃义，民复孝慈；绝巧弃利，盗贼无有。此三者，以为文不足，故令有所属，见素抱朴，少私寡欲，绝学无忧。

【注解】

绝圣弃智，民利百倍；绝仁弃义，民复孝慈；绝巧弃利，盗贼无有。

国家要以引导民众回归质朴为第一要务，若以智巧、仁义、利益来引导民众，则会产生奸诈、虚伪、盗窃，最终贻害天下。

此三者，以为文不足，故令有所属，见素抱朴，少私寡欲，绝学无忧。

属：归纳。

见：同“现”。

素：未经染色的布匹。

抱：怀抱、坚守。

要想杜绝以上三者的发生，应该如何做呢？用文字不足以阐述全面，所以大致归纳如下：引导民众品行真实无华，内心敦厚包容；倡导寡淡妄欲，乐于奉献；抛弃世俗功名获利之学，而去悟习真理。这样，则天下无忧，民众无忧。

【体悟】

这一章紧跟上一章的话题，给出了解决根本问题的指导意见，因为乱象太繁杂，一条一条说根本说不完，所以“以为文不足，故令有所属”，也就是用文字不足以阐述全面，所以大致归纳了一下纠正乱象的共同法门，共计三点。

一、见素抱朴

引导朴素的社会风气，打压攀比奢华的错误价值观。

二、少私寡欲

倡导无私奉献的精神，认清正常欲望和不正常欲望的区别并加以引导。

三、绝学无忧

抛弃，断绝世俗功名获利之学，大力倡导悟习真理绝学。因为一切愚行和不良风气都是无知的产物，所以断绝功利之学、提高全民智慧素养和充实灵魂是解决一切忧患的根源所在。

第二十章 思想的境界
——小聪明与大智慧

唯之与阿，相去几何？善之与恶，相去何若？人之所畏，不可不畏？荒兮其未央哉！众人熙熙，如享太牢，如春登台。我独泊兮其未兆，如婴儿之未孩。儽儽兮若无所归。众人皆有馀，而我独若遗。我愚人之心也哉！沌沌兮！俗人昭昭，我独若昏；俗人察察，我独闷闷。淡兮其若海，飂兮若无止。众人皆有以，而我独顽似鄙。我独异于人，而贵食母。

【注解】

唯之与阿，相去几何？

唯：高声地应答，有呵斥的意思。

阿：迎合，有讨好的意思。

对下呵斥、对上阿谀奉承，仔细观察会发现，媚上者必欺下，欺下者必媚上，所以“唯”与“阿”有什么区别呢？都是势利小人对待不同地位的人的不同态度，其实质是一样的，都是谋私权、得私利的手段而已。

善之与恶，相去何若？

符合自己价值观和审美观的就喜欢，反之就厌恶。这同样都是以自我为中心产生的，它们有什么不同呢？这就是“善恶同根，喜怒同门”的道理。

人之所畏，不可不畏？荒兮其未央哉！

人所畏惧的都是名利的患得患失，这样的想法才是最应该畏惧的呀！这样荒乱的想法真是泱泱无止啊。

众人熙熙，如享太牢，如春登台。我独泊兮其未兆，如婴儿之未孩。儽儽兮若无所归。

太牢：天子祭祀的用品，原指牛、羊、猪，引申为盛宴。

兆：征兆。

孩：婴儿的笑。

儽儽：疲惫颓丧的状态。

众人熙熙攘攘，沉溺于享受盛宴和美景，我却淡泊心境，对这样的场景毫无动心的征兆，就像无知无欲、还不会笑的初生婴儿一样，一副无所归属、颓丧困顿的样子。

众人皆有馀，而我独若遗。我愚人之心也哉！沌沌兮！

沌沌：大水混沌不清，泥水不分的状态。

众人都以拥有多少财物和权力而沾沾自喜，而我好像遗失了欲望，就像愚昧的人一样，对任何事物都没有分别。

俗人昭昭，我独若昏；俗人察察，我独闷闷。

察察：喻人聪明，对很小的事都很清楚。

俗人对任何事物都那么的明白、清楚，细致地分出他们的利益价值和得失，而我却那么的昏昧无知，无所分别。

淡兮其若海，飂兮若无止。

淡：辽远。

飂：疾风、暴风。

我的内心像浩瀚的大海一样广阔，思维像疾速的旋风一样敏捷，无所不入，没有止境。

众人皆有以，而我独顽似鄙。我独异于人，而贵食母。

以：作为、成就。

鄙：乡村野夫。

食："良"指"拖尾到底"，引申为"从生到死"，加"人"写作"食"，指供养人一生的东西。

贵：尊崇。

母：指"道"之外显的"德"。

众人都好像对名利有所作为，唯独我像一个思想顽固的乡野鄙夫，与众不同。我以尊道贵德的思想和行为维养我的一生。

【体悟】

这一章用类似于诗歌的形式，抒发了老子的个人情怀，我们把它整篇再通俗地解读一下。

对下呵斥、对上奉承，有什么区别呢？不过都是极度自私的表现而已。自己喜欢的就迎合，不喜欢的就厌恶，这又有什么区别呢？不过都是自我狭隘的表现而已。自私无知的人总是畏惧名利的失去，却不知道这样的想法才是最应该畏惧的呀！

唉！这样的想法真是颠倒荒诞呀！熙熙攘攘的人们内心空虚无聊，沉溺于美食和美景，这种排解空虚的做法有效果吗？我独享孤独带给我的愉悦，对狂欢的场景无动于衷，就像一个无知无欲的婴儿一样！人们都在自诩和攀比他们的名利成就，我却像傻子一样混沌愚呆！人们都很聪明，把得失算得那么清楚，我却昏昧不清，连得失的想法都没有。我关心的不是这些世俗名利，我关心的是我的智慧是否像大海的波涛一样，一波一波永无止境；我关心的是我的思想境界是否像大风一样，吹到大地的每一个角落，无所不入且没有止境。大家的人生志向都是建功立业，而我就像一个冥顽不化的人那样与众不同。我只以奉行天道的情怀安身立命，以此作为人生的志向。

第二十一章　深奥玄妙的大道是“悟”出来的

孔德之容，惟道是从。道之为物，惟恍惟惚。惚兮恍兮，其中有象；恍兮惚兮，其中有物。窈兮冥兮，其中有精；其精甚真，其中有信。自古及今，其名不去，以阅众甫。吾何以知众甫之状哉？以此。

【注解】

孔德之容，惟道是从。道之为物，惟恍惟惚。惚兮恍兮，其中有象；恍兮惚兮，其中有物。

孔：通达、大、中空。

德：大道外显的行为。

容：仪容。

从：依顺、按照。

恍惚：隐约、模糊。

物：实质、内容。

中空通达的德行，它外在的表现只依照玄妙无形的大道而显现。那么，如何形容无状之状、无物之象的大道呢？它恍恍惚惚的存在，内部却有实质的内容。

窈兮冥兮，其中有精；其精甚真，其中有信。

窈、冥：幽暗、深远。

精：本义指最好的大米，米能养身，所以引申为最好的精力、精神，生命力的来源。

信：真实、验信。

它幽暗而深远，其中有创造生命本源和维养生命的能量，这个能量非常真实地存在着，能使我们了解万事万物的真实相状，使我们的灵魂和智慧得到升华。这个能量真实不虚，应验无误。

自古及今，其名不去，以阅众甫。吾何以知众甫之状哉？以此。

甫：田地里长得健壮的新苗，引申为开始及发展变化。

自古及今，对于大道的赞誉和尊崇从没有改变，是因为我们对它看似虚无，实则至真之极，并且验信准确无误地认可和赞同，凭借它了解万物的起始和发展变化。我如何知道万物的起始和发展变化以及本然状态呢？凭借的就是无形的大道。

【体悟】

如何才能洞察深奥玄妙的大道？只能通过“悟”才能体会。得“道”之人会从他的行为上体现出来，也就是从“德行”上体现，而不是从语言上表现，因为语言不可能把大道的内涵表述得清楚而全面。我们把这一章通俗地解读一下。

通达广大的德行，就像有源头的水流一样，具有无穷无尽的变化能力和延展能力，但它万变不离其宗，因为它的一切行为都是按照大道的规则在运行。那么，无相无状的大道究竟是以怎样的形态存在呢？它恍恍惚惚、若有若无地存在，只有通过深入的参悟，才能感受到它的内容，只有把参悟到的道理进行不断实践，才能体悟到它实质的精髓。

大道幽暗而深远，但只要你持续参悟和体会，就能感知产生万物的本源和维养生命的能量。这个感知真实不虚，应验无误。从古至今，大道的这个性质从来没有改变，世人都是凭借它来认识万物的起源和变化规则的。我为什么能知道万物的起源和变化规则呢？正是凭借深入的参悟和体会它，才能感知到恍恍惚惚、若有若无的大道。

第二十二章　修身的纲领与忠告

曲则全，枉则直，洼则盈，敝则新，少则得，多则惑。是以圣人抱一，为天下式。不自见故明，不自是故彰，不自伐故有功，不自矜故长。夫唯不争，故天下莫能与之争。古之所谓曲则全者，岂虚言哉！诚全而归之。

【注解】

曲则全，

地球的形状和运动轨迹都是以弯曲而达到圆满的，正因为弯曲才能做到周密而全面，它在同一时间，既有白天（阳）也有黑夜（阴），周全地保持阴阳兼顾，所以只有“曲”才能达到“全”。

枉则直，

曲枉的行动具有可行性和现实意义，所以是最直的路线。

洼则盈，

只有保持低洼的状态，才有向盈满发展的空间。

敝则新，

敝：旧、弃、衰。

不知旧怎么能够创新呢？所谓创新，很多时候就是旧元素的新组合。

少则得，

抓住精而少的，更容易获得成功。

多则惑。

面对繁多的事，抓不住主要脉络则容易困惑。

是以圣人抱一，为天下式。

一：混沌未开的大道。

以上六种看似正反相对，实则相辅相成，所以明智的人抱守混二为一的大道，作为修身处世的纲领。

不自见故明，

见：繁体“見”，为人的头顶加上一只眼睛，指突显自己的见识。

执信自己的见识，以自我为中心，是缺乏全面思考的行为。所以，统揽全局，不自以为是的人是明智的。

不自是故彰，

是：强调、突出。

自是：强调自我的存在。

格局小的人才会强调自我的存在价值，他越是这样“努力”，大家反而越不会推崇他。所以，越是不突出自己的价值，默默奉献，反而能够受到大家的认可，并且得到彰显。

不自伐故有功，

伐：自夸。

“功成”是大家共同努力的结果，是天时、地利、人和的总成。功成而自夸是抹杀其他人功劳的行为，即使有功，也是功过相抵。所以，功成而不自夸的人反而能获得功名。

不自矜故长。

矜：“矛”之柄，引申为自高自大。

最高大的树容易遭到砍伐和风摧，怎么能长久呢？只有不自以为贵，不自视清高的人才会长久。

夫唯不争，故天下莫能与之争。

正因为脚踏实地、低调谦虚、与人无争，大家才会推崇他、归附他，谁还会和他争夺呢？

古之所谓曲则全者，岂虚言哉！诚全而归之。

诚：实实在在。

归：归于、归功。

古之所倡导的“曲则全”，怎么会是虚言呢！实实在在应该把所有成就都归功于它呀！

【体悟】

人立于世，无非修身与处事。关于修身，第八章“上善若水”的内容，告诉我们的是修身法则，而这一章以“曲则全”为代表的内容，告诉我们的则是处事法则。

在这里，我们重点把“曲则全”的内容展开参悟一下。“曲则全”也可以理解为“柔则全”和“曲则圆”。这一法则在很大程度上影响了我们中国人的思维方式。我们中国人的思维方式是“曲全柔圆”，而西方人大都是直线的思维方式，所以有“中国人的脑袋是‘圆’的，西方人的脑袋是‘方’的”这一说法。

“曲”是不露锋芒的渐进方式，“全”是考虑周密的全局策略。“曲则全”就是采取不显锋芒的渐进方式，达到无有漏失的战略目标，并且具有持久性。整个思维逻辑就像转动的车轮一样，载着我们到达理想的目的地。如果我们理解了“曲则全”的思维方式，就能领悟“曲中行，逆中求”的《道德经》思维。

如何才能做到“曲则全”呢？这要求我们的行为要做到以下四种情况。

一、不自见

重点是“见”字，它的古意是指人的脑袋上加上一只眼睛，意思是突出自己的所见所识。但人的眼界是有限的，所以看到的事物是不完整的、有缺陷的。

二、不自是

重点是“是”字，它强调突出的意思。“自是”就是强调和突出自己的存在感，显然是格局小。一个格局小的人，怎么能够得到大家的认可而彰显自己呢？

三、不自伐

重点是“伐”字，它是自夸的意思。功劳再大也不能自夸，因为做成任何一件事都不可能只靠自己。自夸就是在否定其他人的贡献，这个不当行为只会抵消你的功劳。

四、不自矜

重点是“矜”字，它是自高自大的意思。自视清高只会遭到大家的厌恶，失去群众基础的行为只会是“失道者寡助”，这样他的地位和事业怎么会保持长久呢？

第二十三章　看破浮躁尘世，才能气定神闲

希言自然，故飘风不终朝，骤雨不终日。孰为此者？天地。天地尚不能久，而况于人乎？故从事于道，道者同于道，德者同于德，失者同于失。同于道者，道亦乐得之；同于德者，德亦乐得之；同于失者，失亦乐得之。信不足焉，有不信焉。

【注解】

希言自然，故飘风不终朝，骤雨不终日。孰为此者？天地。天地尚不能

久，而况于人乎？

希：少。

自然：不借外力，自己变化及达到的稳定状态。

自然界中，万物的稳定状态都是暂时的，很少有不变的事物。它们都是以从变化到稳定，再变化再到稳定的状态存在的。比如，狂风不会刮一早晨，暴雨不会下一整天，它们都处于时大时小的变化中，最后趋于消失，归于平静。那么，它们是谁发动制造的呢？是天和地。天地尚不能保持恒久不变的稳定状态，更何况我们呢？所以，我们要效法恒久不变的大道来修为自己。

故从事于道，道者同于道，德者同于德，失者同于失。同于道者，道亦乐得之；同于德者，德亦乐得之；同于失者，失亦乐得之。信不足焉，有不信焉。

从事：致力于。

失：同“佚”，放佚、散失、放纵，不受约束的意思。

同：本义为聚集，《说文》解为合会。

致力于修道建德，得到的是恒常稳定的人生；致力于恣欲放纵，得到的是动荡迷茫的人生。正是因为对真实道理体悟不足，才有了不稳定的验信结果。

【体悟】

我们修道的另一个原因就是“人在江湖，身不由己”。我们的内心常常被各种妄欲所充斥，心情常常穿插交织着各种情绪，身心常常犹如坐过山车一样惶恐不安。而只有通过深入参悟大道，才能看清事物的本质，才能不被事物起伏的变化过程所迷惑和干扰，才能达到气定神闲的生活状态。下面我们把这一章通俗地解读一遍。

任何事物都在潜移默化地变化着，绵绵不绝，无有穷尽。这就是无言的大自然给我们的最大启示，万物莫不如此。即使由天地主导的狂风和暴雨也不可能长久存在，更何况由我们人类主导的妄欲行为呢？如果狂风和暴雨无止境地存在下去，那么万物将会不复存在。如果万物不存在了，天地的存在对于万物来说也就毫无意义。而对于人类来说，沉迷于争名夺利和纵欲享乐的行为也不可能长久地进行下去，不然的话你会过早地结束生命。生命不存在了，一切外物的存在对你来说也将毫无意义。因此，我们才致力于修悟至柔无争、清心寡欲的大道，从而像大道一样恒久，并且“周行而不殆”。

天人合一的道理告诉我们，如果你的思想符合大道的思想，你的智慧将与大道同行；如果你的行为符合德的标准，你的能力将会具备德的广大和成就。如果你对自己的思想和言行不加以约束，沉迷于争名夺利和纵欲享乐的生活中，你的人生就会动荡迷茫且困顿无聊。之所以会导致这样的结果，是因为你对人生的真谛认识不足。

第二十四章　这些愚蠢的事情，千万不要做

企者不立，跨者不行，自见者不明，自是者不彰，自伐者无功，自矜者不长。其在道也，日馀食赘行。物或恶之，故有道者不处。

【注解】

企者不立，跨者不行，

企：“人”加“止”，指一个人踮着脚尖。

跨：两腿分开，引申为超出自然的步伐。

为了突出自己，追求虚荣，踮起脚尖站立，显示比别人高，跨步前行，显示比别人走得快。这些行为都是不会持久的，只能成为别人的笑柄。

自见者不明，

自以为是的人是愚昧、片面的。

自是者不彰，

强调自我存在的人，得不到彰显和赞扬。

自伐者无功，

功成而自夸的人，将没有人认可他的功劳。

自矜者不长。

自高自大的人不会长久。

其在道也，日馀食赘行。物或恶之，故有道者不处。

赘：多余而无用。

或：在此为代词，指某人、某事。

以上这些行为，在修道者看来就像残羹剩饭，多余而无用，只会招致人和万物的厌恶。所以，有修为的人绝不做这些愚昧的事。

【体悟】

虚荣的人既令人讨厌又令人可怜——讨厌他的做作和肤浅，可怜他的自卑和愚昧。虚荣的人没有为真正的自我活过一天，他自卑地活在别人的目光和话语中，愚昧地把虚荣当成了荣誉，真是讨厌之至、可怜之极。下面我们把原文通俗地解读一遍。

有些人为了在别人心目中留下高大挺拔的形象，总是踮起脚尖站在人群之中；有些人走路的时候担心落于人后，总是跨着大步前行。这些人的行为会持久吗？他们能得到高大威猛的形象吗？恐怕除了挖空心思折腾自己之外，得到的只有耻笑吧！一切虚荣的行为，其结果不都是如此吗？这些人肯定不明白，自以为是的行为其实就是掩耳盗铃的片面行为；他们也不明白，越是突出自己的存在感，越是得不到大家的认可；更不明白，越是自夸越没有功劳，以及越是自高自大越不会长久的道理。

这些人的愚昧行为在修道者眼中，就像吃着多余而无用的残羹剩饭一样，除了厌恶还是厌恶，所以有道者不会做这些愚昧的行为。

第二十五章　道法自然，才有无穷的智慧

有物混成，先天地生。寂兮寥兮，独立不改，周行而不殆，可以为天下母。吾不知其名，字之曰道，强为之名曰大。大曰逝，逝曰远，远曰反。故道大，天大，地大，人亦大。域中有四大，而人居其一焉。人法地，地法天，天法道，道法自然。

【注解】

有物混成，先天地生。寂兮寥兮，独立不改，周行而不殆，可以为天下母。

混：大水夹裹着泥沙杂物汹涌奔流，指水势盛大的状态。

寂：无声。

寥：静、空虚。

独：单独。

立：“人”挺直站立，指稳固。

周：环绕。

殆：懒惰、停止。

可以：能够。

有一个物体像混杂着泥沙杂物而流动的大水一样，在天地没有形成之前的混沌世界就已经产生了。它空虚幽静，无声无息；它单独稳固，长久存在，从未改变；它周而复始地旋绕在时间和空间之中，育养着万物。

吾不知其名，字之曰道，强为之名曰大。大曰逝，逝曰远，远曰反。

大：由“一”和“人”组成。古人用五十根筮草占卜演化天地万物的变化，取出一根不用——这“一”根指恒久不变的道，用剩余四十九根的变化来演测天地变数的情况，把这个代表恒道的“一”加在“人”“心脏”的位置，指人的心中要有大道，要依道而行。

反：同“返”，意思是返回、周而复始。

我不知道它的称谓，文字常用“道”来书写它，依照它“周行不殆”的特性，勉强给它命名为“大”。因为“大”就是依道而行的外显动态规则，所以它永远是渐行渐远、远而折返、周而复始、无首无尾的状态。

故道大，天大，地大，人亦大。域中有四大，而人居其一焉。

正因大道哺育了天地万物，所以作为道之子的万物都具有道的性质。在地域范围内有四个法则，分别是道、天、地、人，而人占其中之一。

人法地，

四者之间有因循的渐进关系，人从品性上要效法大地的敦厚包容，就像坤卦的厚德而载物。从运化状态上要效法大地的四象，春（少阳）、夏（太阳）、秋（少阴）、冬（太阴）的渐进渐变过程，就像人生儿童、青年、壮年、老年的过程一样。做每件事也是生、长、收、藏的过程，所以我们要遵循这个规律，要在每个阶段做好相对适宜的事情，这是大方向。大方向不对位，感觉再对，再有其他的理论支撑，结果都会危害你。

地法天，

大地过于柔顺，缺乏天的刚健，从品性上要效法天，正所谓“天行健，君子以自强不息”。从运行状态上我们要效法天所具备的阴阳互动，即两仪，它总是让地球的一半为白天（阳），同时使另一半为黑夜（阴），它每天不停地践行阴阳轮转的刚毅精神。这是一年一个阴阳轮转的大地所缺乏的。

天法道，

大道是单独存在的，它包含阴阳两极，却没有把它们分开，所以天效法大道阴阳和合而不分开的整体状态，即“太极”状态。

道法自然。

“自然”就是大道自己的隐性状态，即“无极”状态，显现出来就是“太极”。天效法的是大道显性的“太极”状态，而大道只依照自己隐性的“无极”状态而运行。

【体悟】

这一章是老子对大道的概述，我们通俗地译一遍。

有一物它无相无状，在天地还没有生成混沌世界之前就已经产生了。它寂寥幽静，无声无息，独自而稳定地运行着。在它周全广普而且永无停息地运行下，产生了天地，继而产生了万物。可以说它就是产生天地和万物的慈母，我们不知道它的名字，为了便于书写和称谓，把它写成了“道”。为什么这样写呢？因为它具有产生天地和万物的智慧和能力，并且天地和万物都在它的规则下运行，所以它具备最高的智慧和能力。因而，先采用一个“首”字，代表它有智慧，又因为它具有永无停止的运动状态，所以又加了一个“辶”，代表它具有动态的特征。把“首”和“辶”加以组合就成了“道”字。那么，又如何称谓它呢？在没有文字之前，古人用“一”来形容“道”。比如“伏羲一笔开天地”中的“一”就是指道；又如后世对文字起源的解释中有“惟初太始，道立于一，造分天地，化成万物”，也是把“一”比作“道”；再如在《易经》产生之前，在还没有文字的时期，用于占卜的五十根筮草，也是先取出一根不用，把这一根筮草比作恒久不变的“道”，而作为人类和道的关系，就是在“人”的“心脏”部位加一个“一”，也是强调人的心中要永远怀着道，要依道而行。所以，“人”加“一”的组合就是“大”，也正因为“大”包含着“一”，所以它也具备道的运行规则。那么，道是如何“周行而不殆”地运行呢？因为它具有从近到远、远而折返、周而复始、无首无尾的运行规则。

作为大道之子的“天”“地”“人”，必然继承着大道的性质，具有大道的运行规则。在所有的地域之内，万物都是在“道”“天”“地”“人”这四种规则下运行的，而人类只占其中之一。这四大规则本身也在遵循大道由近到远，远而折返的规则。比如先有道，后有天，再有地，继而有了人类。人类的出现已经达到了远而折返的节点。所以，人类首先要返回来效法大地，效法大地的敦厚和柔顺，效法大地的厚德而载物。当达到了大地的境界之后，继而效法天，效法天的无私和普照，效法天的稳健和自强不息。当达到了天道的境界之后，继而效法大道，效法大道的阴阳和合，效法大道的清心寡欲。阴阳互动，变化无穷，我们从而返璞归真，达到不需外界任何因素的帮助，自己就能具备变化无穷的智慧和能力，拥有无限的生命力和创造力。

“人法地，地法天，天法道，道法自然”，体现了“道从逆中求”的思维。因为这就是“八卦法四象，四象法两仪，两仪法太极，太极法无极”的渐进过程，与《易经》的“无极生太极，太极生两仪，两仪生四象，四象生八卦”顺序相逆、内容相同（“八卦”是组成万物的八个基本元素，八卦重叠就是六十四卦，泛指人类的各种事物）。

第二十六章 稳重沉静是成功之本，心浮气躁是失败之源

重为轻根，静为躁君。是以圣人终日行不离辎重。虽处荣观，燕处超然，奈何万乘之主，而以身轻天下？轻则失本，躁则失君。

【注解】

重为轻根，静为躁君。是以圣人终日行不离辎重。

辎重：行军打仗时拉着物资也能让人随时进去卧息的载重量很大的车辆，

具有在行进中既负重又安静的含义。

重者沉下，轻者浮上，重是轻的根本，轻是重的表象，故重为轻之根。静者能明心生慧，躁者失理智而生愚昧，因为智慧能驾驭愚昧，所以静者是浮躁者的君主。所以，明智的人言行、仪表都不离“静”“重”二字。在人生的道路上，就像行进中的“辎重”，既能载重（重）又能安卧休息（静），时刻保持重与静的状态。

虽处荣观，燕处超然，

荣：草木茂盛，引申为美景。

燕：同“宴”，指安闲、享乐、宴饮。

虽然身处各种或俗或雅、或静或闹的外部环境，但内心永远保持恬静，言行永远保持稳重，超然于物外。

奈何万乘之主，而以身轻天下？轻则失本，躁则失君。

万乘：一车四马为一乘，万乘指大国。

身负天下重任的君主，内心和言行应该理智、稳重，怎么可以轻浮呢？轻浮则失去了事物的本真，被表象所迷惑。没有理智的急躁是愚昧的，愚昧的君主不能长久地保持地位。

【体悟】

在这一章中，老子告诉我们轻浮气躁不稳重的行为是导致覆灭的重要原因。老子用“辎重”，形象地比喻了我们日常生活和处事中应该保持的状态。下面让我通俗地译一遍。

头重脚轻的状态是不稳定的状态，其结果必然是倾倒。心浮气躁下产生的行动往往会以失败告终，而冷静理智地处理事情才会正确无误。这些都是常识性的道理，大家也都知道，但往往在面对具体事物的时候很难做到。所以，老子提出了一个非常贴切的比喻，他把人生比作行进中的“辎重”。“辎重”是古代行军中体积最大、负重也最大的车辆，并且在行军的过程中可以随时提供安静的环境让大家进入内部休息。所以，它具备在行进的动态过程中，既负重又稳定且内部安静的特征。如果把它比作我们负重前行的人生，就好比我们为了承担起人生的责任和抱负，在漫长而坎坷的人生之路上，随时随地保持稳重的状态和清净的内心。即使身处或俗或雅、或静或闹的外部环境中，我们的身心也都要超然于外，保持行为稳重和内心清净。这是每一个有理想、有担当的人必备的品性。怎奈很多肩负重责的人在行为上却轻率不稳重，处理事情也常常心浮气躁。他们难道不知道根轻则倒、气躁则败的道理吗？

第二十七章　如何做一个把握大道思维的人

善行无辙迹，善言无瑕谪，善计不用筹策，善闭无关楗而不可开，善结无绳约而不可解。是以圣人常善救人，故无弃人；常善救物，故无弃物，是谓袭明。故善人者，不善人之师；不善人者，善人之资。不贵其师，不爱其资，虽智大迷，是谓要妙。

【注解】

善行无辙迹，

辙迹：车轮经过道路时在路面形成的沟痕，而沟痕的两侧就形成了阴阳相对的两面。

善于依照大道思维的行为，从不会使事物产生阴阳两极的对立面，而是能做到秋毫不犯，了无痕迹。

善言无瑕谪，

谪：因语言过失而受到谴责。

善于依照大道思维发表的言论，能够考虑到每个人的感受，以及人和人之间的阴阳互动。考虑得越全面深入，言论的瑕疵就越少。所以，修道深者，言语就不会有过失了。

善计不用筹策，

筹策：古时计算用具，类似于算盘。

善于依照大道思维的人，谋划的是人性、物性，而筹策是用来计算的，怎么会用到它呢？

善闭无关楗而不可开，

关楗：门闩。

修悟了大道的思维，他的言行就会像关闭的两扇门一样始终保持阴阳平衡，即使不用门闩等外在约束，也不会破坏阴阳平衡的处事标准。

善结无绳约而不可解。

大道所含的阴阳，有相互吸引的性质，就像正负两块磁石。想要结合某人某物，首先要辨别清楚它的属性，再用与之相吸的属性结合。这样，即使不用绳索等外在事物来捆缚，也不会分离。

是以圣人常善救人，故无弃人；常善救物，故无弃物，是谓袭明。

救：帮助。

所以，明智的人常能辨识清楚人和事物的阴阳属性，用大道的思维来帮助他们，发挥他们的天性和用途，人尽其能，物尽其用，又怎么会认为他们是废人废物而抛弃他们呢？循袭大道的智慧，这恰恰就是修道的意义所在。

故善人者，不善人之师；不善人者，善人之资。不贵其师，不爱其资，虽智大迷，是谓要妙。

师：老师、领导，侧重智慧。

资：王弼注解为“取”，河上公注解为“用”，中华书局汤漳平注解为“财富”。这里以河上公为准。

智：聪明。

妙：细微之极。

所以，善于把握大道思维的人，是不善于把握大道思维者的师长；不善道的人，是善道者教导的学生和引领的下属。不善道者不尊崇他的师长，善道者不教导和引领不善道者，他们即使很聪明，也会是迷失大方向的人。如果把善道者看作阳，不善道者看作阴，他们之间的结合本身就是阴阳和合的完整大道。这点很重要，也很微妙，与大道相通。

【体悟】

在这一章里，老子告诉我们善于运用大道的人在思想和行为上有什么特征，以及他们和不善于运用大道的人之间应该是怎样的相互关系。

第一，运用大道的人在行动上能够做到“善行无辙迹”，也就是行动不留痕迹。他们是怎么做到的呢？重点是“辙迹”两个字，车轮经过泥泞的道路之后，就会在路面上形成一道泥沟，泥沟的两侧就形成了左右相向的对立面。也就是说，只有在行动中产生了左右相向的对立面才会留下痕迹。如果没有产生对立面，就不会留下痕迹。而善于运用大道的人在行动中充分考虑到了其他人的感受，用智慧化解了对立面的产生，所以在行动上才不会留下痕迹。比如你在驾驶车辆的过程中，常常牢记避让行人的驾驶规则，就不会发生撞人的交通事故。如果你没有避让行人的意识，一味地按照自己的节奏行驶，撞人的概率会很大。其实，只要我们采取行动就会和他人发生交集，只有善于考虑到他人的感受，避免树立对立面，才能达到做事不留痕迹、不埋隐患。

第二，善于运用大道的人在语言上能够做到“善言无瑕谪”，也就是他说话的时候没有缺点和过失。这是如何做到的呢？这和“善行无辙迹”的道理相同。在他发言的时候，常常能够充分考虑到其他人的观点和感受，尤其是和自己三观不合的人，无论他是否在场，都能考虑到发言一定要做到公正全面，无懈可击，才能避免疏漏和过失。

第三，善于运用大道的人在谋略上能做到“善计不用筹策”，也就是说他谋划事情从来不靠私下的算计也能取得成功。这是如何做到的呢？因为他谋划的事情都是为大众谋福，他依据的是事物和人性的发展规律以及变化的节点。所以，他拥有大众的力量和最高的大道智慧，谋划当然会成功，又怎么会依靠私底下的算计手段呢？

第四，善于运用大道的人，即使不用条条框框的约束，也能抗拒妄欲的诱惑，做到“善闭无关楗而不可开”。也就是说，他不被外界各种因素制约也能做到洁身自好，不放纵自己。他是如何做到的呢？因为他深深地明白有阳必有阴的道理，一切不良习性和纵容妄欲的行为，最终伤害的是自己。就像借债一样，或早或晚都会连本带息一起偿还，这就是天道，谁也逃脱不掉。所以，他不需要“关楗”的制约也能做到洁身自好，不放纵自己。

第五，善于运用大道的人即使不借助外界的力量，也能捆牢自己需要的事物，从而做到“无绳约而不可解”。也就是说，他不需要绳索等外在约束，也能牢牢地拥有自己的所需，因为他知道阴阳相吸的规则。比如你如果想和什么层次的人交朋友，就要修养自己达到他们的层次和境界，因为志同道合的朋友根本不需要外界的制约，也能长久稳固地交往下去。如果不是相同层次和境界的人，即使有共同的利益和需求，也不可能成为长久的朋友，最终会在合作的过程中分道扬镳，形同陌路。这也就是“捆绑不成夫妻”和“你若盛开，清风自来”的道理。

以上五点就是善于运用大道的人在行为和思想上的特征。那么，他们和不善于运用大道的人之间又应该是怎样的关系呢？

首先，在善于运用大道的人眼中，不存在没有用处的人，也不存在没有用处的物品。因为在他们心中，修道的意义恰恰就是帮助这些人，达到“人尽其能，物尽其用”，也就是老子说的“是以圣人常善救人，故无弃人；常善救物，故无弃物，是谓袭明”。

其次，善道者要做不善道者的表率，不善道者要听从善道者的安排。如果善道者不履行义务和责任、不善道者自以为是，即使他们都有各自的聪明之处，也还是会成为迷失大方向的人。这一点非常重要。这段话就是老子在本章中说的最后一段："故善人者，不善人之师；不善人者，善人之资。不贵其师，不爱其资，虽智大迷，是谓要妙。"

第二十八章　成就伟业必备的素养

知其雄，守其雌，为天下谿。为天下谿，常德不离，复归于婴儿。知其白，守其黑，为天下式。为天下式，常德不忒，复归于无极。知其荣，守其辱，为天下谷。为天下谷，常德乃足，复归于朴。朴散则为器，圣人用之则为官长。故大制不割。

【注解】

知其雄，守其雌，为天下谿。为天下谿，常德不离，复归于婴儿。

谿：同"溪"，指山谷当中流淌的溪水。

雄性代表力量，雌性代表柔和，自然界中雄性一生中最大的动力就是和雌性结合，这是静（阴）吸引动（阳）的属性特征。所以，想要吸引、驾驭雄性，最智慧的做法就是守持好柔和的雌性，就像守持柔和的溪流（阴）。只要随着溪流走，你的身旁永远拥有坚硬的石头（阳）。人拥有了这样的智慧，大道外显的德行就没什么缺失了，也就是复归到具有顽强的生命力且柔和之至的婴儿状态，大家都会自然地照顾和关爱他。

知其白，守其黑，为天下式。为天下式，常德不忒，复归于无极。

白：看得见的、清楚的、容易的、可感知到的。

黑：看不见的、隐蔽的、不容易感知到的。

忒：差错。

事物都是从隐性发展到显性的，知道什么是大家能看到、感知到的，却坚守住隐蔽的、不容易感知到的，就达到了阴阳俱足，你的德行就不会出现差错，也就拥有了无穷无尽的能力。

知其荣，守其辱，为天下谷。为天下谷，常德乃足，复归于朴。

荣誉是社会对一个人担当重任和甘于奉献而赋予的名声，它的前提是忍辱负重。他能够坚守为天下担当重任，自然不会狭隘自私，胸怀会像山谷一样包容、豁达。所以，做到了忍辱负重和无私奉献，他的德行就完备了，就复归成为像支撑房屋的原木一样的栋梁之材。

朴散则为器，圣人用之则为官长。故大制不割。

对有形状的原木进行分解，则可制成具有各种功能的器材；保持原状，则是支撑房屋的栋梁。明智的人用他的才能治理天下，则会成为众人的领导；用他质朴包容、无所割弃的胸怀治理天下，则会成为天下的栋梁。

【体悟】

有理想、有抱负的人要想成就一番事业，就必须具备一定的素养。那么，必备的素养都包含什么具体的内容呢？老子在本章中进行了归纳。

一、状态上要做到至柔的品性

老子说："知其雄，守其雌，为天下谿。为天下谿，常德不离，复归于婴儿。"雌性代表柔和，并且能够孕育新的生命；溪流代表柔顺，并且源源不绝。雌性的至柔往往能战胜雄性的刚硬，至柔的溪流往往能冲磨掉石头的棱角。所以，它们至柔的品性能够战胜一切刚硬的事物，并且具有顽强的韧性和生命力。那么，有理想、有抱负的人在状态上一定要回复到他婴儿时期的状态，因为婴儿的状态恰恰是至柔的状态，并且具有顽强的生命力。

二、思想和行动上要达到无限的能力

老子说："知其白，守其黑，为天下式。为天下式，常德不忒，复归于无极。”大白于天下的事物和道理，大家都能看到并感知到，而只有感悟到隐藏在这些事物背后的深层规律，才能在认知上别具慧眼、在思想上深谋远虑，继而在行动上达到无限的智慧和能力。所以，有理想、有抱负的人，在思想和行动上要深入落实到事物的变化规律上，才能恢复人类本来就具有的“无极”能力，从而拥有无限的创造力。

三、格局上要达到胸怀天下

老子说：“知其荣，守其辱，为天下谷。为天下谷，常德乃足，复归于朴。”每个人都想趋荣避辱，而勇于担当天下重责的人却会忍辱负重。因为只有这样，他的胸怀才能豁达和包容，才能成为社会的中流砥柱。所以，他们就像一根未经分割的原木（也就是“朴”），勇于承担起支撑大殿稳固的责任，实现自己成为栋梁之材的理想和抱负。

做到了以上三点，有理想、有抱负的人才能成就一番事业，从而像一根完整的原木一样，分割之后就能制成各种各样的器物，为社会提供各种服务，所以他不但具备变化无穷的才能，内心还永远不会忘记自己成为天下栋梁的初心。这就是“朴散则为器，圣人用之则为官长。故大制不割”的深刻含义。

第二十九章　改变命运的四大误区和三大忠告

将欲取天下而为之，吾见其不得已。天下神器，不可为也。为者败之，执者失之。故物或行或随，或歔或吹，或强或羸，或载或隳。是以圣人去甚，去奢，去泰。

【注解】

将欲取天下而为之，吾见其不得已。

为：人驾驭大象劳作以达到自己的目的，引申为欲达到自利而奴役人或物。

如果一个人想获取天下，达到为己所用的私欲，我看他不会成功。

天下神器，不可为也。

神：意为启示智慧以及智慧的延伸，引申为有智慧的灵魂。这里指无形的民心和民智。

天下由无形的“神”和有形的“器”组成。“神”是民心和民智，“器”是有形的身体和物质。有形的身体和物质可以控制，而无形的民心和民智怎能被控制呢?

为者败之，执者失之。

为私欲而失去民心，必然失败于天下，执守的一切也会失去。

故物或行或随，

所以，为达到私欲而采取的行为，最终会事与愿违。比如想走到所有人的最前面，却发现前面永远有人，自己还是追随的状态。

或歔或吹，

歔：慢慢地呵气。

吹：被风吹，使之变凉。

寒冷的冬天里，呵气使物体变暖和，却发现物体感知的是凉风。

或强或羸，

羸：瘦弱。

想成为最强大的人，却发现总有比自己更强大的人，或者自己变得衰弱，永远保持不住最强大的状态。

或载或隳。

载：荷担、负载。

隳：毁坏。

想无限负担更多的外物，使自己拥有更大的价值，结果却不堪重负压垮了自己。

是以圣人去甚，去奢，去泰。

甚：极端的。

奢：过分享受、无节制。

泰：骄纵、傲慢。

所以，明智的人杜绝极端的追求、无节制的纵欲享乐以及傲慢骄纵的心态，他们是用大海一样的品质和智慧来治理天下，从而达到海纳百川，引物自归。

【体悟】

我们知道，抢劫财物的罪犯，最后会成功地把自己送进牢狱，生意有道的商人则会成功地使自己搬进豪宅。他们的共同点都是为了金钱，出发点相同，结果却有天壤之别。抢劫犯的方式是害人利己，结果人财两空，和金钱再也无缘相见；生意人的方式是利人利己，结果是名利双收，金钱源源不断。两种思路，两种人生，很是耐人寻味，值得深思。

《道德经》指出了我们想要提升现状的四种错误做法，具体如下。

一、或行或随

工作的意义是它对社会所产生的积极贡献，名利是社会对你贡献的认可和褒奖。而只专注于名利的人，就像在圆形跑道上奔跑，无论你跑得多快，你面对的却总是某个人的背影，永无止境。这样的心态只会让你在现实生活中疲惫不堪、烦恼不止。所以，我们应该把专注点放在工作本身，享受工作产生的积极意义，享受工作给你带来的安心和快乐。而社会对你的认可和褒奖，到来的可能或早或晚，但绝不会缺席，而且无论结果如何，你的人生都已经拥有了恒久的安心和快乐。

二、或歔或吹

采用喋喋不休地讲大道理来教育别人、通过讲述自己的人生观来影响孩子、用自己的价值观来纠正别人的观点，等等，这些看似正能量的行为，在别人心中感受到的却是你对他的不满和鄙视，往往只会适得其反。正确的做法是站在对方的认知水平和角度，采取恰当的应对方法。

三、或强或羸

争强好胜的行为只会招来外界的敌对和对自身的消耗，要想增强自己的影响力，只能凭借持续提升自身的实力。一家企业如果把精力放在和同行的同类产品的竞争上，只会因价格战而两败俱伤，不如把精力放在打造自己的特色产品上，让同行与你无争可争，永远追着你跑。

四、或载或隳

不仔细审视自己的真实能力，一味高估自己并产生自负行为，就会像小马拉大车一样被累死。与其采用高压的态势来激励自己，不如潜心增强自身实力，从而不断地增加与实力相匹配的承载力。只有负自己可负之重，在人生的大道上才会行稳至远。

要想避免以上过失，《道德经》的指导意见有三点：一是“去甚”，不要太自我、太执着、太极端；二是“去奢”，不要追求无节制的名利享受；三是“去泰”，不要自负和自傲。

第三十章　如何运用大道理念修身和统御

以道佐人主者，不以兵强天下，其事好还。师之所处，荆棘生焉。大军之后，必有凶年。善者果而已，不敢以取强。果而勿矜，果而勿伐，果而勿骄，果而不得已，果而勿强。物壮则老，是谓不道，不道早已。

【注解】

以道佐人主者，不以兵强天下，其事好还。

要用大道的智慧辅助国君治理国家，而绝不能崇尚用武力侵略他国，因为这种事会遭到报复。

师之所处，荆棘生焉。大军之后，必有凶年。

战争发生过的地方，会导致荆棘丛生；大规模的军事冲突之后，会导致满目疮痍，天灾人祸不断。

善者果而已，不敢以取强。

已：停止、灭亡。

善于尊道用兵的人，达到自卫的结果就可以了，不要逞强好战，不要超出自卫的原则而导致战争连发，使双方生灵涂炭。

果而勿矜，果而勿伐，果而勿骄，果而不得已，果而勿强。

用武力达到目的后，不要自高自大、不要自夸、不要骄傲，动用武力只是不得已而为之，不要强暴骄横。

物壮则老，是谓不道，不道早已。

事物发展到强壮就会向衰老的方向发展，这是达到阴阳平衡后，再一次打破它的失道行为，失道的行为应该早早停止，不然有灭亡的危险。

【体悟】

我们的身体生了病就需要治疗，需要根据病情采取不同的治疗手段。如果通过治疗恢复了健康，就不必再打针吃药了。而有些人则不然，有病了吃药，病好了也吃药，有事没事都吃药，还自诩为保健和预防。我从来没见过长寿是吃药吃出来的，只见过吃药吃死的。所以，很多人的死亡并不是病死的，而是过度医疗治死的，而过度的军事行动和过度医疗是同样的道理。下面让我们把这一章整体再译一遍。

用大道理念治理国家的执政者，绝对不会使用武力去胁迫他国，因为对其他国家发动的侵略行为必会遭到无休止的报复，而经历战火的地方也将会变得荆棘丛生、满目疮痍。战争过后，生灵涂炭，瘟疫横生。所以，为了避免这些恶果的产生，善于把握大道的执政者发动军事行动的目的只是为了自卫，他们在达到军事目的后就会马上终止战争，绝对不会凭借胜利而耀武扬威、自高自大，也不会好大喜功、骄傲自负。因为事物发展到强盛就会向衰败的方向变化，所以达到自卫的目的后，再逞强好战的行为就是失道的行为，其结果必然是咎由自取的失败下场。

第三十一章　使强用狠不是征服天下的良策

夫佳兵者，不祥之器。物或恶之，故有道者不处。君子居则贵左，用兵则贵右。兵者，不祥之器，非君子之器。不得已而用之，恬淡为上，胜而不美。而美之者，是乐杀人。夫乐杀人者，则不可以得志于天下矣。吉事尚左，凶事尚右。偏将军居左，上将军居右，言以丧礼处之。杀人之众，以悲哀泣之。战胜，以丧礼处之。

【注解】

夫佳兵者，不祥之器。物或恶之，故有道者不处。

兵器是不祥的器物，怎么可以喜欢它呢？万物（包括人类）是天地大道所生，也由天地大道所灭，人为的终止他们的生命是会遭天谴的。所以，万物都本能地厌恶凶器。故修道者不喜欢这些用于实施邪恶的兵器。

君子居则贵左，用兵则贵右。

居：坐。

佳：喜好、崇尚。

左：古人面南背北，左为东方。东方在五行中属木，即青龙，季节为春，八卦方位是“震”，是执掌生发万物的方向，故吉。

右：右为西方，五行属金即白虎，季节为秋，八卦方位是“兑”。“兑”有缺的意思，是执掌肃杀的方向，古有秋后问斩的法律，就是效法天意的意志，故凶。

有修养的君子选择左手边坐，而拿刀时选择用右手，他是在效法天道的吉凶方位。

兵者，不祥之器，非君子之器。不得已而用之，恬淡为上，胜而不美。

不详的兵器不是君子的用具，只在不得已的情况下用于自卫。即使是正义的杀害也要心存悲悯，恬淡低调处理为上，不以杀人取胜作为美事。

而美之者，是乐杀人。夫乐杀人者，则不可得志于天下矣。

以杀伐为美的炫耀行为，是以杀伐为乐的行为。他所有的志向都不会被天下人所接受。

吉事尚左，凶事尚右。偏将军居左，上将军居右，言以丧礼处之。

吉事以左为尊，凶事以右为尊，战争时偏将军的座位在大帅的左侧、上将军的座位在大帅的右侧，意思就是把战争看作丧事的礼仪一样来对待。

杀人之众，以悲哀泣之。战胜，以丧礼处之。

对待被杀死的敌军，我方将士都要心怀悲悯而默哀；战争胜利后，要以丧事的礼仪来对待。

【体悟】

在历史记载上，全真道士丘处机曾与杀人成性的成吉思汗有过三次深入的谈话，深刻地分析了滥杀的弊处，最后成功劝诫了成吉思汗的嗜杀行为，使其转而施行仁政。这就是历史上著名的“一言止杀”。而丘处机对成吉思汗谈话的内容就来源于本章的宗旨。我们把这一章通俗地再译一遍。

兵器存在的意义就是为了杀人，所以归根结底是不祥的凶器。有生命的万物自然都很厌恶它，崇尚慈爱的修道者更不会与它相伴左右。

有好生之德的君子在选择座位的时候往往选择左手边，而抓握刀剑的时候往往选择用右手，这是因为古时候左边代表生发的东方，右边代表肃杀的西方。这就说明有好生之德的君子绝不会推崇使用不祥的凶器，只有在自卫的情况下才会使用它。在态度上恬淡低调不宣扬，即使取得胜利也不会认为是美事，因为以此为美的炫耀行为是在宣扬以杀人为乐，这是在违背上天的好生之德，必将遭到天下民众的反感。

吉祥的事以左边为尊，凶险的事以右边为尊。所以，在谋划战争的议事厅内，偏将军的座位在主帅的左侧、上将军的座位在主帅的右侧，意思就是把战争当作凶险的丧事来对待，对于被杀死的敌军，我方将士要心怀悲悯，取得战争的胜利之后，要用丧事的礼仪来对待。

第三十二章　做领导必须要懂的金科玉律

道常无名，朴虽小，天下莫能臣也。侯王若能守之，万物将自宾。天地相合以降甘露，民莫之令而自均。始制有名，名亦既有，夫亦将知止。知止可以不殆。譬道之在天下，犹川谷之于江海。

【注解】

道常无名，朴虽小，天下莫能臣也。

道，恒常的状态，是无状之状、无物之象，它运化阴阳、衍生万物、变化莫测，故无名可名。就像一根原木，散开可以制成各种物件，有名、有状、有性，说明“朴”具有任意变化的才能，没有单一的定性；保持淳朴的原形，则可以作为支撑房屋的栋梁，它的形态并不大，但能够变化成各种物件，并且使各种物件都有自己的功能和特性。“朴”的这种无限变化的特性，天下谁又能使它臣服而驾驭它呢？

侯王若能守之，万物将自宾。天地相合以降甘露，民莫之令而自均。

均：公平。

想要驾驭一物，必知其性，对于具备无限变化之性的“朴”（即“道”），我们只能遵循它的变化规则。侯王若能遵守仿照它的规则，所掌牧的万物将会自己宾服。使天地之性得以彰显，令天地之气得以顺畅，从而天地合德，风调雨顺，民众性顺而德彰，民风和气而淳朴，从而不用严词苛责就能达到自发公平的稳定治理。

始制有名，名亦既有，夫亦将知止。知止可以不殆。

从开始有邦国，天下就制定了侯王官员一类的名分以及相应的权力和责任。既然有了官职和权力，官员们就应担当履责、利益民众，不能利用权力谋私利。所以，只有牢记自己的使命，做到有所为有所不为，才不会有灾祸，才不会受到天谴。

譬道之在天下，犹川谷之于江海。

用大道治理天下，就要像谦下包容、胸怀广大的江海一样，使百川之河自己归流于你，用你谦卑自律的修为成就你浩瀚博大的胸怀和业绩，才会拥有江海一样长久而伟大的人生。

【体悟】

这一章是阐释领导的修为之道，要重点体会两句话。

一、知止可以不殆

把手中的权力关进制度的铁笼中，有所为有所不为，这样就不会有灾祸，不然被关进铁笼的就是你自己。

二、犹川谷之于江海

拥有海纳百川的胸怀才能树立威望，有了威望才能保障政令的顺利实施。海纳百川更能积蓄大家的力量，有了凝聚力，才能保障政令的顺利实施以及最终的成功。

我们把这一章通篇解读一遍。

大道无名无象却能变化无穷，就像一根不起眼的原木，虽然很渺小，渺小到让我们熟视无睹，但是却能制成各种器物，各种器物又各有各的性质和用途。我们可以根据各种器物的特性加以掌握和使用，但对于具有万变之变的原木，谁又能掌握它呢？所以，对于具有万变之变性质的大道，我们只能效仿它。就像效仿原木的担当，成为支撑屋脊的栋梁；就像效仿原木的才华，具有无限用途的可塑性。所以，担当天下重任的侯王若能效仿大道的品性，他将会具有无限的智慧，从而把天下治理得井井有条。他的勇于担当将会使万民自然宾服，就像天地之气顺畅和谐后的风调雨顺，侯王无须刻意地去治理，天下也会繁荣稳定。

自从有邦国开始，侯王和官员的职权就确定了，他们的责任和存在的意义就是维护天道的正常运行，效仿天道来管理天下、造福苍生。对于手中的权力要心存敬畏，符合天道的行为可为，违背天道的行为不可为，只有做到不滥用手中的权力，才能保证仕途的平稳。要想提高自己的政绩，关键是提高自己海纳百川的格局和能力。因为只有谦虚低调的姿态才能汇聚大家的智慧、凝聚大家的力量，从而共同构建伟大的功绩，为天下苍生谋福。

第三十三章　如何把这辈子活明白且活得有价值

知人者智，自知者明。胜人者有力，自胜者强。知足者富，强行者有志，不失其所者久，死而不亡者寿。

【注解】

知人者智，自知者明。

能看清别人的真实本质是聪明，能看清自己的真实本质才是明智。

胜人者有力，自胜者强。

能够胜人者有力量，但能够把用于战胜别人所付出的力量用于提升自己，使自己变得强大，达到别人对你不敢有争斗的念头，这才是真正的强大。

知足者富，

再多的财富也不会让心穷的人感到满足和快乐，而能够感恩所得、懂得知足的人，才能感受到富足与快乐。

强行者有志，

强大的志向和格局才能支撑坚毅的行动，才能实现远大的理想和抱负。

不失其所者久，

不失根基、量力而行者才能走得久远。

死而不亡者寿。

人是由身体和精神组成的，有形的身体都会死亡，无形的精神可以永生。如果你不能给众生带来益处，谁会传承你的精神而使之永存呢？所以，自私自利的人在肉身死亡后会很快被人遗忘，而无私地给众生提供善智和幸福的人即使肉身死去，其精神也会得以传承，从而永生于人们心中。

【体悟】

这是一篇短小精湛的人生指南，我们把它展开分析一下。

一、知人者智，自知者明

什么是社会？社会就是复杂的人际圈，不可避免要和人打交道。我们生活在若干个不同的人际圈当中，观察着他们的脾气秉性和性格的优缺点，然后进行定性，从而确定与他们交往的方式和深浅。有句话说得很对，“读万卷书，不如行万里路。行万里路，不如阅人无数”。所以，识人准确的人是很聪明的。但这只能算作聪明，不能算作明智。因为你观察别人的同时，别人也在观察你的脾气秉性和性格的优缺点。因此，经常审视自己优缺点的人才算作明智，才能达到“知彼知己，百战不殆”。

二、胜人者有力，自胜者强

能够战胜别人，是因为你观察到了对方的缺点，击中了他的要害，说明你有一定的能力，但是还称不上强大。只有战胜自己的缺点，使自身无懈可击，才称得上强大。

三、知足者富

物质的富足是基础，但这并不是真正的富有，只有心灵上知足才算作真正的富足。而心灵上的富足，除需具备一定的物质基础外，还需具备一定的精神内涵。这样的人才是真正富足的人。

四、强行者有志，不失其所者久

强有力的行动是达到远大志向的唯一途径，而没有远大志向的人不会产生坚毅、强大的行动。远大的志向和目标要一步一步地实现，而只有量力而行才能走得更久远。

五、死而不亡者寿

为活着而活着，几十年如一日地简单重复，即使活到一百岁也只能叫作岁数大。怎么才能算是真正意义上的长寿呢？岁数有大小，却都难逃一死，人虽死，但他的精神还能给活着的人带来帮助，这才能称作真正的长寿。

第三十四章　如何修炼自己的大格局

大道氾兮，其可左右。万物恃之以生而不辞，功成不名有，衣养万物而不为主。常无欲，可名为小；万物归焉而不为主，可名为大。是以圣人终不为大，故能成其大。

【注解】

大道氾兮，其可左右。

氾：河南境内的一条河。古代河流泛滥，这里指氾河的一股水决口而溢出，又流回原来的主流之中。又指大道产生的万物，万物虽然有变化，但万变不离其宗，终复归于大道。

左右：身边、附近，如形影不离左右。

大道产生的万物像氾水一样万变，但终会复归于大道，大道始终就在万物的身边。

万物恃之以生而不辞，功成不名有，衣养万物而不为主。

恃：依赖。

万物依赖大道而得以产生，大道却从不推辞和懈怠。辅助万物功成却从不占为己有，养育万物却从不主宰它们的命运。

常无欲，可名为小；

它常无名、无象，可以说它好像不存在似的渺小。

万物归焉而不为主，可名为大。

万物归附它的正确治理，它却不主宰万物，可以说很伟大。

是以圣人终不为大，故能成其大。

明智的人之所以能成就伟大，是因为他造福社会的目的并非为了满足私欲，即使有所成就也是辅助历史的发展而已，功在历史而不在自己。所以，他并不认为自己的功劳有多大，因此才能够达到伟大的境界。

【体悟】

这一章简单明了地阐释了拥有大格局的途径。首先要给自己储备深厚的能力，辅助大家为社会创造价值。在功劳面前，把自己看得渺小，大家自然会既信任又依赖地归附于你。你则要拿出谦虚低调的态度，不要认为自己的功劳最大。正因为你有能力帮助大家，还永远不认为自己的功劳大，所以反而成就了你的伟大，这就是大格局。我们把这一章通俗地再译一遍。

大道就像一条泛滥横流的河流一样，但终究要汇入主流，奔向大海。也就是说，大道孕育产生了万物，万物虽然有各自的特点和变化，但终究还得复归于大道，这样才能融入历史的长流。它们就像溢出母亲河的小股水流一样，只有复回气势磅礴且经久不衰的大道之中，生命才会长久，才会有意义。如果没有复回的话，只会越流越小，最终归于干涸消亡。万物就像溢出母亲河的小股水流一样，都依赖大道而产生，也因融回大道而有意义。大道只为长久地推动历史进程而存在，并非为自己而存在。从这个角度来看，它把自己看得很渺小，而万物就像众多归附回来的小股水流一样，依大道而存在。从这个角度来看，大道又非常浩瀚宏大。

所以，参悟大道的人始终以推动历史进程为己任，他们孜孜不倦地储备着智慧和能力，无私奉献着自己的力量，功劳面前甘居人后，从不认为自己显赫伟大。而正是他们的无私无欲，反而成就了他们伟大的人生。

第三十五章　坚守大道，不为外界物欲所迷惑

执大象，天下往。往而不害，安平太。乐与饵，过客止。道之出口，淡乎其无味。视之不足见，听之不足闻，用之不足既。

【注解】

执大象，天下往。往而不害，安平太。

大象：大象无象，指无形的大道。

往：归附。

修为大道者执守着无形的大道，行于天下，他们利益万物，不偏不彰。天下皆归附于他，只会得到保护而不会受到伤害，从而天下太平安泰。

乐与饵，过客止。

乐与饵：乐，美妙的音乐；饵，美食。合指外欲感官的享受。

过客：人生就是过客。

但由于大道无名无象、虚无缥缈，故大多数人还是会选择物欲感官的现实享受，而停止了对大道的追求。

道之出口，淡乎其无味。视之不足见，听之不足闻，用之不足既。

大道的性质就是在无味、无象、无音的状态下存在，但运用它却会拥有取之不尽的能量。

【体悟】

在探索真知的大道上永远趴着两只拦路虎，那就是“乐”与“饵”。跨不

过去的是芸芸众生，跨过去的就是贤圣。

大象无象的大道朴实而玄妙，如果执守它的人把它运用于天下，必会受到天下众生的推崇和归附。归附者也会受到它的庇护，从而使天下太平安泰。但是这些执守大道的人往往是少数，原因就是大部分人多沉迷于看得见、摸得着的外欲和感官追求，所以对无象无状的奥妙大道停止了探索的步伐。大道的特征就是如此，当你谈论它的时候，没有深入参悟它的人会感到枯燥无味。当你想见证它是否存在的时候，却看不到它的形状也听不到它的声响，只有悟懂它的人在使用它的时候，才会显示出它无穷无尽的智慧和能量。

第三十六章　逆向思维的中国式谋略

将欲歙之，必固张之；将欲弱之，必固强之；将欲废之，必固兴之；将欲夺之，必固与之。是谓微明。柔弱胜刚强。鱼不可脱于渊，国之利器不可以示人。

【注解】

将欲歙之，必固张之；

歙：闭合、收敛。

固：同“姑”，姑且、暂且。

张：扩张。

想使事物收敛闭合，必定暂且加速它的张扬。

将欲弱之，必固强之；

想使事物衰弱，必定暂且加速它强壮的过程。

将欲废之，必固兴之；

想废除某个事物，必定暂且加速它达到兴盛的极点。

将欲夺之，必固与之。

想要在某处取得自己的所需，必定暂且先给予对方的所求。

是谓微明。

以上这些行动方法就是大道所含的物极必反、隐蔽而微妙的智慧，要注意明察。

柔弱胜刚强。

以上的做法只限于正义的弱者对错误的强者，如果你是正确的强者，对错误的弱者就不用这样做，使用中正的方法就可以了。若要达到柔弱胜刚强的目的，就要加速物极必反的过程以及舍阴求阳的谋略，在运作中尤其要做好以下两点。

鱼不可脱于渊，

至柔的手段至关重要，就像鱼离不开水一样，一旦脱离了至柔，你的目的就没有了实施的必要条件，结果自然难以成功。

国之利器不可以示人。

展示出来的利器不是利器，真正的利器永远是隐蔽的。暴露出来的利器只是用来迷惑敌人的手段，为的是隐蔽真正的目的。

【体悟】

后世有些人把《道德经》视作阴谋论，其原因就来自于本章的内容。这一章与谋略家鬼谷子的思维脉络不谋而合。《鬼谷子》开篇中写道：“欲捭之贵周，即欲阖之贵密，周密贵之微，而与道相随。”当开始行动的时候，要做到计划周全、滴水不漏；当关门谋划的时候，要做到隐秘，切不可泄露半点风声。这是谋划事务必须牢记的法则。

谋略本无善恶之分，就像一把利刃，用于邪恶是凶器，用于正义是善器。

我们要做的是，运用谋略正向的一面去造福大众苍生。那么，老子在此章中告诉了我们哪些谋略呢？让我们一起来学习一下。

当任何事物发展到最强盛的状态时就会向衰败的方向转变，这是大自然不变的法则。所以，当正义的一方处于弱势的情况下，如果和邪恶的强势一方发生正面较量，其结果必然会失败，这些看似正义的反击实则是在做无谓的牺牲。那么，这时候就应该采用物极必反的法则，人为地使对方尽快达到盛极必衰的状态，促使其快速走向灭亡。这就是采取“将欲歙之，必固张之；将欲弱之，必固强之；将欲废之，必固兴之”的原因。如果想让对方满足自己的需求就要先满足对方的需求，这就是利益互换法则，是我们常说的“有舍有得，不舍不得”，也是大自然“抛阴吸阳”的阴阳互吸法则。

我们之所以采取以上谋略，原因就是我们还处于弱势，还没有足够的力量采取正面的反击，也没有足够的条件满足自己的所需。而要想使以上的谋略得以顺利实施并且不留任何痕迹，就必须做到以下两点。

一、鱼不可脱于渊

如果把对手比作鱼，而你就要用似水一样的至柔把它浸没住，让它像鱼离不开水一样依赖你，却又像无视水的存在一样无视你。这样你才做到了真正的至柔，缺失了至柔手段，就缺失了实施的必要条件，结果必然落空。

二、国之利器不可以示人

真正的目的和谋略就像国之利器一样，除非受到了国灭民亡的威胁，不然永远不可以公开。一般情况下，即使达到了目的也不可以暴露自己的行踪和谋略。

谋略无属性，它就像一把利刃，用于邪恶是凶器，用于正义是善器。

第三十七章　无为而无不为的成事哲学

道常无为，而无不为，侯王若能守之，万物将自化。化而欲作，吾将镇之以无名之朴。无名之朴，夫亦将不欲。不欲以静，天下将自定。

【注解】

道常无为，而无不为，侯王若能守之，万物将自化。

大道恒常用无私的胸怀运化万物，无不达到利益万物的伟大成果。掌牧一方的侯王若能遵守大道的法则治理天下，万物将在无为之治的治理下得到自我教化。

化而欲作，吾将镇之以无名之朴。

作：发作、发动。

镇：使之安定、镇静。

无名之朴：具有大道修为而且有才能的人。

在无为之治的治理下所没有被教化的人，是由他的妄欲造成的，这就将会出现具有大道修为的人去治理他，从而镇服他的妄欲。

无名之朴，夫亦将不欲。不欲以静，天下将自定。

静：离妄欲、归本心，本初的状态。

具有大道修为的人使他去除妄欲，无妄欲则安静，天下将自然达到平稳安定。

【体悟】

我们把这一章通俗地解读一下。

大道周全而永无懈怠地运作，但它的所为并非为了自己，所以它的所作所为属于无为。正因为它的无为境界，反而使它无所不为地运作着万物。治理一方天下的侯王若能守持大道的无为境界，在他治理下的百姓不需要过多的干预就能达到自觉教化。对于妄欲过深不能达到自觉教化的人，就会出现具有大道修为的人去治理他，镇住他妄欲的想法和行为，令他改邪归正、去除妄欲。去除了妄欲，他的身心自然会返璞归真、趋于平静，天下自然达到平稳安定的局面。

这一章让我想起了“地狱不空，誓不成佛”这句话。因为社会上总会有一些走歪路和顽劣不化的人，所以就会出现具有大道修为的圣贤人物去治理他们、教化他们，令他们去除妄欲、返璞归真，从而净化社会的风气。

德经

第三十八章　如何做一个有德之士

上德不德，是以有德；下德不失德，是以无德。上德无为而无以为，下德为之而有以为。上仁为之而无以为，上义为之而有以为，上礼为之而莫之应，则攘臂而扔之。故，失道而后德，失德而后仁，失仁而后义，失义而后礼。夫礼者，忠信之薄而乱之首。前识者，道之华而愚之始。是以大丈夫处其厚，不居其薄；处其实，不居其华。故去彼取此。

【注解】

上德不德，是以有德；下德不失德，是以无德。

上：高、大。

下：卑、小。

高尚的德行不以名利为目的，故不追求德誉的美名，这是有德的行为。卑贱的德行以名利为目的，所以不想失去德誉背后的名利，这是缺德的行为。

上德无为而无以为，下德为之而有以为。

为：从“手”从“象”，指手牵大象奴役它劳作，引申为想达到某种目的。

以：用、拿、把、凭借。

高尚的德行不以满足私欲为目的，所以没有把德誉的美名占为己有；卑贱的德行以满足私欲为目的，所以以占有美名而自居。

上仁为之而无以为，上义为之而有以为，

崇尚仁爱为最高标准的行为是没有私欲的，但仁爱的贤名容易被奸诈虚伪的人利用，所以上仁排在上德之后。崇尚义气为最高标准的行为有结党之嫌，过于狭义偏私，具有党群私欲的目的，所以有仁爱局限的上义排在上仁之后。

上礼为之而莫之应，则攘臂而扔之。

攘：推、揉、捋。

扔：硬拽。

崇尚礼仪为最高标准的行为，纯粹是游戏于缺失真心的表面文章。一旦遇到礼节不符合规矩的言行，则撸起袖子生拉硬拽，上下纷争，这是庸人自扰的行为。

故，失道而后德，失德而后仁，失仁而后义，失义而后礼。

所以，缺失了淳朴的大道，而后有了具有大道品性的天道德行；缺失了德行，而后有了必然滋生虚伪的仁爱；缺失了仁爱，而后产生了狭隘的团伙义气。就连狭隘的团伙义气都丧失了，就只能依靠虚伪无实的礼仪来维持人与人之间的关系了。

夫礼者，忠信之薄而乱之首。

信：真实。

用虚伪的礼仪来治国安邦是忠贞缺失的表现，是奸诈虚伪、祸乱天下的开端。

前识者，道之华而愚之始。

华：美丽而有光彩，含“表面”的意思。

每个事物都有好坏两面，言好漏坏，言坏漏好。说一件事物又好又坏，形同没说。道，只可悟，不可言，言之即错，对一事物的识性定类也是如此。前人对某一事物的识性定类都是不全面的，只适合在特定的环境下使用，这只是大道华丽的外表。如果把前人悟道、得道后产生的用于修身治世的知识认为就是恒道，这是愚昧的开始。如果把大道比作大树，就好比把大树华丽的枝叶当作大树的全部内容，这是偏颇而浅显的。前人表述的知识和见解就好比大树的枝叶和果实，大道的真正能量就像看不见的树根，只能通过参悟而存在于你的内心之中。所以，即使遍地是圣贤智士的书，却读不出几个智慧通达之人。

是以大丈夫处其厚，不居其薄；处其实，不居其华。故去彼取此。

大丈夫：有志气、有作为、有理想的男人。

所以，大丈夫要知道浅薄是厚实的表面，华丽的外在是从厚重中散发出来的，华丽的外表依附于实实在在的内容。守住厚的、实的，浅薄华丽的外在则自然而然地生发出来。好比子从母出，但子非母，为何舍母从子，本末颠倒呢？所以，舍去薄华、守取厚实才能守本拙末。

【体悟】

我记得有一个小故事，说的是两个工人在建筑工地搬砖。其中一个工人说他要努力工作，多挣钱，改善自己的生活；另一个说，他要努力工作，让更多的人住上新房。虽然他们的工作内容一样、薪酬也一样，当下的生活看似并没有任何的改变和不同，但由于他们的格局不同，几年后的身份也迥然不同——第一个工人还在工地搬砖，而第二个工人已经成了一名建筑商。

虽然这只是一则心灵鸡汤，却反映了一个朴素的真理：你努力工作如果只是为了给自己谋福，你的能力就会受到局限，你努力工作如果是为了给大家谋福，你的潜力就能挖掘出来，从而成就一番事业。所以，老子在解释“上德”和“下德”的区别时用了这句话：“上德无为而无以为，下德为之而有以为。”高尚的行为不是为了自己有所得，卑下的行为只是为了自己有所得。很显然具有“上德”品质的人是具有大爱的人。

为什么老子又说“上仁为之而无以为”呢？为什么单独提出来仁爱这个概念呢？“上德”和“上仁”又有什么区别呢？因为“上德”是一种价值观，它的背后是为大家谋福，是实实在在的终其一生的行动；而“上仁”只是一种仁爱众生的精神，无论行动实不实在、有没有给大家谋福，都能达到仁爱的美誉。

有一则报道讲，有一年重阳节的时候某单位组织职工到敬老院献爱心，去给那里的老人们梳头洗脚。但是，当天一位老人说："今天你们就不要献爱心了，我的头发已经快被梳秃了，脚也洗得快掉皮了，谢谢大家的关爱了。"这就是倡导表面仁爱的结果。所以，真正的仁爱精神应该是由内而发的正能量，如果只是做些表面文章，流于形式，就会被心怀叵测的人所利用，成为他们打扮自己、隐藏罪恶的绚丽包装。

如何理解"上义为之而有以为"呢？它不允许伪善的存在，就像梁山好汉一样，团队中的人都要讲义气，有福同享，有难同当。这些人其实就是利益共同体，伤害的是利益集团之外的人，得利的是利益集团之内的人。如果倡导了这种风气，社会就会陷入混乱，受害的将是社会大众。所以，义气至上就是抱团式的自私自利，是社会的毒瘤。

如果以固定的礼法来修身治世，又会出现什么情况呢？"上礼为之而莫之应，则攘臂而扔之"，"攘"和"扔"其义是生拉硬拽，一旦遇到和固定礼法不符的事，这些维护礼法者根本就不会思考事情的原委，只会机械地对违礼者生拉硬拽。社会中这样的人很多，他们读过几本书，常以文化人自居，总爱拿些"知其然而不知其所以然"的道理对别人的言行横加评判，迂腐至极。如果他是一个没有影响力的人还好，但如果他是一位学者或者教师的话，那危害就大了。他所教出来的也将是一些没有思想和独立见解的痴呆文化人，而原本具有独立思考天赋的学生却会越学越迷惘，反而抹杀了他们的天赋。这些学者和教师其实就是披着文化外衣的泥塑，是导致社会僵化的高级病毒。

所以，智慧从高到低的排列顺序是这样的——"失道而后德，失德而后仁，失仁而后义，失义而后礼"，即道、德、仁、义、礼。失去了大道的灵魂，就产生了只有大道躯壳的言行，也就是上德；失去了上德的言行，就产生了只有博爱精神的仁；失去了博爱精神的仁，就产生狭隘的团伙义气；如果连团伙义气都缺失了，就只能靠僵化的礼法来维持社会关系了。所以，最后老子得出结论说："夫礼者，忠信之薄而乱之首。"用僵化的礼法修身治世的人就是连狭隘的忠义都不讲的虚伪之人，是祸乱社会的首犯。反观历史，误国害民的人不是迂腐的文化人，就是满嘴“仁义道德”的大奸臣。这些迂腐的文化人是怎么产生的呢？是因为他们不知道一个重要的道理，那就是因“前识者，道之华”，而导致的“愚之始”。就是说前人对一件事物的认识是在特定的环境和条件下形成的，对大道智慧活学活用总结出来的道理，离开了特定因素，只会生抄硬搬地采用，这是导致愚蠢和迂腐的首要原因。比如“仁”，“仁者爱人也”，恶人也是人，你应该仁爱他吗？比如“孝顺”，如果父母有不良嗜好，你还要顺着他们吗？比如“忠”，如果你忠于的是一个伪善的人，你还要一直忠下去吗？再比如养生，很多长寿老人都喝酒、吸烟、吃肥肉，你也照做吗？再比如，改革开放初期先富起来的商人很多都是没上过几天学的人，那么你要想致富，是否也应该早早辍学？这样的例子不胜枚举，所以离开了特定的因素与环境，一味地以前人总结的道理作为处事标准，是思想匮乏的浅薄行为。

老子在本章最后做了一个总结：“大丈夫处其厚，不居其薄；处其实，不居其华。”意思是，有志于在社会中成为中流砥柱的人，考虑问题要深刻，不要浅薄，行为要朴实，不要只注重外表，不然的话就会成为空有躯壳的木偶。故应舍去浮华，守取厚朴。

第三十九章　守住大道初心，人生事业才有立足之地

昔之得一者，天得一以清，地得一以宁，神得一以灵，谷得一以盈，万物得一以生，侯王得一以为天下正。其致之也，天无以清将恐裂，地无以宁将恐发，神无以灵将恐歇，谷无以盈将恐竭，万物无以生将恐灭，侯王无以贵高将恐蹶。故贵必以贱为本，高必以下为基。是以侯王自谓孤寡不谷，此非以贱为本邪？非乎！故致数

舆无舆。不欲琭琭如玉、珞珞如石。

【注解】

昔之得一者，

一：能体现产生于（包含阴阳却阴阳未分）大道的德行之外显。

大道混沌未开，阴阳未分，在世人眼中可谓糊涂不清。它无音无状，在世人眼中可谓渺小到似有似无。它空虚无欲，无名无利，在世人眼中可谓卑小到可有可无。大道周流，化育天地万物，在世人眼中却怀疑它的存在和功劳（文字作为承载我们中华文明的载体，起始的象形文字就像我们的肉体有形无意，没有灵魂。形成真正的文字是在商周时期，文字刻于甲骨为甲骨文、刻于金属器皿为金文。这些含有形义的文字都与道有直接关系，就像人具有了灵魂。比如“大”字由“一”和“人”组成，“一”为恒常不变的无形无象之道，外在显性的体现即是德；“人”为一撇一捺，指人是阴阳所合成。“人”得“一”就是人心中怀有大道而产生的显性的德行，就是“大”。诸如此类，这也是后人读不懂老子的障碍之一）。所以，“昔之得一者”，意思就是产生于大道的万物，是从大道中汲取获得的大道某方面特性的具体德行。

天得一以清，地得一以宁，神得一以灵，

天汲取了大道所含的阳性，阳性轻而升，故明而清；地汲取了大道所含的阴性，阴性厚重平稳，故安而宁；神汲取了大道所含的阴阳消长变化规律，故灵而通。

谷得一以盈，万物得一以生，侯王得一以为天下正。

山谷汲取了大道的中空无物，故虚怀容纳万物而充盈；万物汲取了大道柔弱无欲的性质，故能像婴儿和嫩草一样具有旺盛的生命力；王侯将相汲取了大道调和阴阳达到至合的状态，故治理天下能上下中正、不偏不倚地合宜恰当。

其致之也，天无以清将恐裂，地无以宁将恐发，神无以灵将恐歇，谷无以盈将恐竭，万物无以生将恐灭；侯王无以贵高将恐蹶。

致：别致、不一样。

歇：休息、停止。

蹶：跌倒、失败。

天地万物皆是道之子，各禀母之某一性，如果不守其性或错守其性就会改变它应有的本性和状态。天不守阳性致无清而崩裂，地不守阴性致无宁而震发，神不守阴阳变化的规则而灵通停滞，万物不守柔弱而僵硬死亡，侯王不调和阴阳达到中正将因偏斜而失败。

故贵必以贱为本，高必以下为基。

浊水静而沉淀产生清水，故卑贱的浊水是高贵的清水之母，所以卑贱是高贵的根本。空无的状态才有产生盈满的空间，故谦虚的空无是名利盈满之母。所以，渺小的谦卑是高而上的基础。

是以侯王自谓孤寡不谷，此非以贱为本邪？非乎！

孤寡：孤，幼年丧父母；寡，成年丧配偶。这里是谦虚地说自己孤德、寡德的意思。

谷：善也。

不谷：不善，没有领导才能。一般用于君王自谦。

所以，侯王自称孤、寡、不谷，这难道不是以卑贱为本的含义吗？这是守母而自然得子的德行。

故致数舆无舆。不欲琭琭如玉、珞珞如石。

琭琭：有光泽的外表。

珞珞：形容石头的坚硬。

比如说世人喜欢荣誉，但荣誉越多越招人嫉妒，越容易迷失本我。不要追求外表光鲜亮丽的玉石，它终将被人雕刻，失去本状，被人争抢。我们要做坚硬的磐石，甘做稳固楼宇的基石。

【体悟】

什么是“一”？阴阳合一就是大道，所以“一”就是大道。我们每个人都是在父母阴阳和合后的家庭产物，而我们的父或母，又是他们父母阴阳和合后的家庭产物。我们和自己的兄弟姐妹性格各不相同，但相同的是，这些不同的性格都来自于相同的父母。万物的产生莫不如此，都是在阴阳合一的大道规则下产生的，包括人类在内的万物都遗传了大道的某些特性。

如果把大道比作一个大家庭，我们和万物都是大道的孩子，而每个孩子都遗传了大道的某些特性，而要想继承大道的某些产业和领域，就要具备相应的特长和品性。比如上天继承了大道上升的阳气，所以它长久地停留在高位。如果你是一个处于高位的执政者或管理者，应如何保持长久处在高位呢？只有拥有底层群众的支持和拥护才能稳固你的高位。所以，高位产生于底层的支持。大地继承了大道下降的阴气，积累了厚度，从而能生发万物、承载万物。如果你想成就一番事业、应如何培养你的人脉和能力呢？只有像大地厚重而谦卑的姿态一样，才能承载更大的事业，吸引更多的人才。所以，能力和人脉产生于厚重和谦卑。神灵继承了大道无声无息地阴阳变化，所以拥有了智慧和神通。如果你也想拥有变化莫测的智慧和神通，就要清心寡欲，以静生慧。所以，智慧和神通产生于清心寡欲。山谷继承了大道的虚空，所以营造出适合万物生长的环境。如果你想把事业做得生机勃勃，就要虚怀若谷。所以，生机勃勃的盈满局面产生于格局宽阔的虚怀若谷。万物继承了大道柔软的特性，所以像婴儿和嫩芽一样具有旺盛的生命力。如果你想拥有强大的内心，就要像万物具有生命力一样，柔软而有韧性，因为强大产生于柔韧。帝王继承了大道平衡阴阳的能力，治理天下才能做到不左不右、不偏不倚的中正合宜，从而使天下繁荣稳定。如果你也想拥有帝王的管理之术，就要像帝王一样舍弃正常人的生活，在寂寥中忘我地工作。所以，繁荣稳定来自管理者寡淡的生活和忘我的工作。

通过以上的阐述，我们就会明白一个道理：一切高贵的品性都产生于谦柔寡欲，一切高高在上的身份都产生于底层的支持和自我寂寥的忘我生活。这就是“故贵必以贱为本，高必以下为基”的道理。违反这个大道的规则，就会失去高贵的品性和地位。所以，“是以侯王自谓孤寡不谷，此非以贱为本邪？非乎”。正因为帝王明白这个道理，他才会感叹自己是个孤独自律的人，勉励自己做个清心寡欲的人，并谦卑地称自己是没有管理能力的人。这难道不足以说明帝王是以谦柔寡欲的品性作为根本的吗？难道不是吗？接着老子又说：“故致数舆无舆。不欲琭琭如玉、珞珞如石。”再进一步说，就是不要在众多的荣誉面前迷失本性，不然就会前功尽弃、身败名裂。荣誉就像美玉一样，会成为居心叵测者争夺和围猎的目标，你占据得过多就会像美玉一样被人雕刻得体无完肤，被人争夺得流离失所。我们要做朴实无华的磐石，成为支撑天下的中流砥柱。

身处天下至高地位的帝王尚需如此谦卑自律，更何况我们普通人呢？而现在的情况却不容乐观，社会上一些有点权力的人就自认为是大领导；事业上有点成就的人就成了指点江山的成功人士；有点艺术特长的人就把自己封为艺术家；有点学术成绩或雕虫小技的人就自诩为大师。这些所谓的领导、成功人士、艺术家、大师，就像苍蝇一样飞舞在各种场所。这些人本质上只爱美玉，力争成为美玉，而宁死不愿成为社会基石，可谓趴在牛排上而自诩为美食家的苍蝇。

第四十章　人生是一个从无到有，再从有到无的过程

反者，道之动；弱者，道之用。天下万物生于有，有生于无。

【注解】

反者，道之动；弱者，道之用。

反：包含“逝”和“返”，指像椭圆一样的运动轨迹，有物极必反的含义，无首无尾，周流不息。

大道是循环往复、物极必反的运动方式。大道以柔韧而顽强的状态作为功用。

天下万物生于有，有生于无。

有：显性的，这里指道所显现出来的阴阳交融和合的状态，可以理解为太极。

无：隐性的，相对“有”而言，是阴阳交融的隐性状态，可以理解为无极。

可感知的阴阳之气相互交融产生了万物，而阴阳之气都产生于隐蔽且混沌未开的无极状态。

【体悟】

从我们出生那一刻开始，就已经迈出了走向死亡的第一步。生命的发展方向正是它的反面，即死亡。热恋中的男女渴望拥有一个美满幸福的婚姻生活，但从组成家庭的那一天起，就已经开始向爱情消亡的方向发展，直至最后的生离死别。一切事物的发展轨迹莫不如此，这就是“反者，道之动”的规则。那么，既然生的结局是死，我们是否就不要活了？既然婚姻是爱情的坟墓，生离死别是婚姻的归宿，我们是否就不谈恋爱和结婚了？这个想法愚昧之至、大错特错，因为一切行为和事物发展的意义不是它的结果，就像我们登山游玩，登上山顶的那一刻虽然会索然无味，但是登山过程中欣赏到的风景才是登山的所有意趣和真谛。

一切事物都是以动态的形式存在和发展的，就像一辆行驶中的汽车，无论它是几吨重还是几十吨重都能平稳前行。它是如何保持自身的平衡和稳定，如何让乘客感觉不到道路的颠簸呢？是既能承重又能避震的弹簧。弹簧虽然软弱，但是它既能承重又能保持平衡和稳定，还能产生反作用力，从而既能维持自身的荷载又能保护它的乘客。这就是“弱者，道之用”的道理。

我们的身体来自父母身体的阴阳和合，这就是“天下万物生于有”，而父母能够生下我们是因为他们有打算要孩子的想法，而想法是肉眼看不到的。所以，我们又是在父母想法下产生的，这就是“有生于无”。归根结底，我们是在“无中生有”中产生的。由此可见，看不见的思想最有价值。其实世上一切最有价值的东西大都是看不见的，比如智慧、理想、灵魂、格局、信念等，而正是看不见的它们，却是推动人类进步的最大能量和引擎。

第四十一章　我们为什么要学道悟道

上士闻道，勤而行之；中士闻道，若存若亡；下士闻道，大笑之，不笑不足以为道。故建言有之：明道若昧，进道若退，夷道若颣。上德若谷，大白若辱，广德若不足，建德若偷，质真若渝，大方无隅，大器免成，大音希声，大象无形。道隐无名，夫唯道善贷且成。

【注解】

上士闻道，勤而行之；中士闻道，若存若亡；下士闻道，大笑之，不笑不足以为道。故建言有之：

建：本意指立朝律，引申为成立、设置、修建。

做学问的人听到大道的思维模式会有三种不同的反应：资质高的人会不停地修道和付诸行动，资质平平的人会感到疑惑，资质低的人则耻笑它。被耻笑很正常，不被耻笑就不足以说明大道的深奥。所以，在此写下一组文字来阐述大道被人耻笑的原因。

明道若昧，

智慧光明的大道，外表恍恍惚惚，无象无状，若有若无，所以看起来暗昧不明。

进道若退，

大道行进的规则是循环往复，遵循的是曲中行、逆中求，所以看似好像在后退。

夷道若颣。

夷：平坦。

颣：不顺畅、不平坦。

大道以“枉则直，洼则盈”的自然法则作为处世哲学，因为曲枉能避免正面的冲突，低洼能引水流自归，所以看似不平顺。

上德若谷，

上德以不求自得作为行事标准，就像空虚无物的山谷。

大白若辱，

辱：此处与“白”相对，故而有混沌、不明白的含义。

大道包含阴阳两性，即一切正反相对而又统一的性质，所以看似混沌不清、糊涂不明。

广德若不足，

广大的德行不追求盈满的状态，所以看似不圆满具足。

建德若偷，

偷：行动瞒着别人，如偷听。

修道建德的人不突出自己的存在，所以看似在隐瞒自己。

质真若渝。

渝：改变、善变。

事物是变动的，方法也需要随机变宜。所以，虽然坚守初心，但看似很善变。

大方无隅，

隅：角落。

方：地域、领域、范围。

大道存在于所有空间，所以看似没有属于它的固定角落。

大器免成，

成：事物发展到一定的形态和状况。

固定成器则它的性质固定不变。真正成大器的人是一直在成长变化的。所以，不能用固定的形态对他们进行描述和定性，也就是孔子说的“君子不器”。

大音希声，

音：音节、音符，引申为决定外在的内在规律。

希：少。

声：把音发出去、表达出去的媒介。

修大道是修万物的内在规律。因事物含阴阳相对性，不容易表达的和谐融洽，所以修道者发表的言论很少。

大象无形。

大道变化莫测，无音无状，但又实际存在，所以看似无形。

道隐无名，

大道虽然不可名状，却隐藏在所有名状的深处，左右着万物的变化。

夫唯道善贷且成。

贷：借助。

且：古意指人在行走时都是某一只脚推动人体向前一步，引申为逐渐推动、推进。

成：事物发展到一定的形态和状况。

只要善于借助大道的思维并运用于行动当中，就会推动我们逐渐达到一定的境界与高度。

【体悟】

我们把“大道”被人耻笑的原因再参悟一下。

一、明道若昧

大道只能存在于我们的内心之中，它没有具体的形与象供世人去描述和观摩。大道只能靠“悟”，所以学道被称作“悟道”，从来没有人说过学道是“看道”。但很多人只相信自己眼睛看到的，看不到的就去否定或认为是不科学的。那么，我们没有见过我们的祖宗，他们也不存在吗？故学道悟道就是一个深度思考的参悟过程。

二、进道若退

大家都知道智慧高的人大多是逆向思维，那什么是逆向思维呢？逆向思维就是逆寻事物的根源，判定事物当下的发展节点，根据物极必反的规律判定它的变化节点，从而调整自己各个阶段的应对方案。它的重点在于认识根本，顺着事物的发展规律，解决根源性问题。它用以“退”为“进”的逆向思维来解决根本问题，它的“退”是为更积极的“进”做铺垫。

三、夷道若颣

一个有理想、有追求的人，在成长的道路上，必然经历各种坎坷与困境，而正是这条不平坦的道路，才是实现他理想的坦途正道。

四、上德若谷

山谷里一片空旷，却是万物生长的最佳场所。山谷自己虽然无所得，但它能令万物欣欣向荣地发展，而这正是它的所得之处。最高尚的道德也如同山谷一样。

五、大白若辱

高尚自治的行为，往往被别人猜测成另有所图的阴谋，就好比太阳虽然能够普照大地，可也有照不到阴暗之地，但我们不能动摇对太阳的信仰。所以，我们要想保持内心的洁白和纯粹，就要学会和光同尘。

六、广德若不足

菩萨德行再广大，世上也有没被引渡的人，但我们不能因此否定菩萨的德行广大。

七、建德若偷

美德的建立是在潜移默化的状态下成长和蜕变的。只是我们的肉眼看不到，只能用心去感悟，但是不能否定它的存在和实质变化。

八、质真若渝

有些坚守初衷的人，随机而变看似很善变，但他的善变是为了更好地实现内心中最初的理想。他们与时俱进地改变自己，但内心的品质始终不变。

九、大方无隅

万事万物发展变化的背后都有一个共同的规律，这就是大道。所以，有事物的地方就有大道，大道是没有固定场所的。

十、大器免成

一棵大树一直在不断地生长，我们怎么能判定它最终的高度和围径呢？一个大器量的人一直在成长变化，我们又怎能给他明确定性呢？

十一、大音希声

真正的天籁之音是听不见的，是要用心体悟的，听得懂弦外之音才叫大智慧。有大智慧的人经常保持沉默，表态很少，但他的表态却最有分量。

十二、大象无形

大道是无形的，而只有无形才能挣脱固有的各种实有束缚，才能具备变化莫测的生命力。而有形就会被固定，虽然容易被认识，却束缚了无限的可塑性。

以上就是大道不容易被人理解的原因，但只要我们潜心悟道，用心体悟隐藏在万物深处并且左右万物变化的大道，就能推动我们的思维高度逐渐上升。

第四十二章　如何顺应趋势做大做强并长盛不衰

道生一，一生二，二生三，三生万物。万物负阴而抱阳，冲气以为和。人之所恶，唯孤寡不谷，而王公以为称。故物，或损之而益，或益之而损。人之所教，我亦教之。强梁者不得其死，吾将以为教父。

【注解】

道生一，一生二，二生三，三生万物。

无形的大道就是无极，显示出来它内部的阴阳和合的状态就是太极，太极把阴阳融合的状态分开就是两仪。一仪为阳，一仪为阴，阴阳两仪本为一体，分开后互相吸引，产生具有阴阳两性交融的一团和气就是“三”，就像一块磁石分成两半后，两个半块磁石之间产生的磁场一样。阴阳之气和合而形成的一团和气，就像天地之气相互交融形成的大气层一样滋养了天下万物。

万物负阴而抱阳，冲气以为和。

负：依附、依靠。

抱：互相协作、积累力量。

阴：有形的物质，如土地。

阳：无形的能量，如阳光。

冲：有形或无形的物质或能量以从上往下或从下往上的运行方式，如冲刷、怒气冲天。

和：混合成一体，如和面。

万物的生长变化都是依附于阴，向上接受阳的能量，从而阴阳相互协作的结果。所以，万物的生成都是阳气下冲、阴气上冲，两气交融混合的产物。

人之所恶，唯孤寡不谷，而王公以为称。故物，或损之而益，或益之而损。

益：水满而溢，增长、长大。

第三十九章中的“侯王自称孤寡不谷”是以清从浊出、高以下为基、贵以贱为本的角度进行阐述，本章是从阴阳和合的角度阐述。阴阳和合必然是阴阳双方所占的比例相等，不然就会阴阳失衡。而“孤寡不谷”是不祥、凶险，属于阴之极，它所吸引和匹配的是阳之极，是大吉、祥兆，也就是负多少阴才能抱多少阳，就像小草和大树所依附土地的多少决定了它们拥抱阳光的多少。所以后一句有“或损之而益，或益之而损”，意思就是减损它的增益，反而是增益了它所不能的。与此相反，增益了它的益处，也就减损了它的能力。比如溺子如杀子、“德薄而福厚，智小而谋大，才疏而权重”，这些都是“益之而损”的结果。所以，儒释道都强调增加阴德，从而增益看得见的阳德（德，也有“得”的含义）。这也是“损之而益”的含义。

人之所教，我亦教之。强梁者不得其死，吾将以为教父。

教：教导、训诫。

强：强横、强暴。

梁：强硬而突出的，如山梁、鼻梁。

吾：我，有突出中正理智的含义，是正式的含义。

父：原指孩子做错事被杖击家教。也同“甫”（强健的新苗），有开始的意思。

别人以争强好胜、争名夺利为教导，我却以阴阳和合、积德寡欲为教导。处处强横霸道的人不会有好下场，我将以此训诫作为家教。

【体悟】

人生的事业和修为到底与《道德经》有什么关系呢？下面我们来进行解悟。

为什么说“道生一，一生二，二生三，三生万物”？这是因为大道是无形的，它就是看不见的无极，显现出来就是太极，这就是“道生一”，也就是无极生太极。而太极由阴、阳两部分组成。阳性清，故升，就是天；阴性浊，故降，就是地。这就是“一生二”，也就是“太极生两仪”。太极和两仪的关系就像一块磁铁分成了两半，两仪之间产生了相吸的关系。所以，天和地的关系就是相吸的关系，大气层就是在天地之气相吸互冲的作用下形成的。大气层就是“二生三”的三，就是道家说的“先天一炁”的“炁”。我们现在都知道，万物都是在大气层形成的环境下产生的，如果没有大气层，所有的动植物都将不复存在，就连水也会消失，这就是“三生万物”。大气层就是在天地相吸的作用下自然而然形成的产物，而大气层覆盖住大地后形成了一个适应万物生长的大环境，比如指导农业适时耕作的二十四节气，就是在天地之气相互作用下产生的。

如果把消费者比作天，把产品生产厂家比作地，那么他们之间天生就是相吸的关系。在物质不丰富的时期，并不需要较大的交易场所，商场和门店都很少。随着物质丰富的商品经济到来，因厂家缺少大数据的支撑，就造成了产品过剩。消费者有钱却买不到本地没有的产品，全民经商又造成了店铺紧缺、房租无止境地增长。此时，厂家和消费者之间缺少了充分互动的大环境，各自为战的零散经销商又形不成这样的大网。当有人看到这些问题的症结，并围绕这些痛点推出网络销售平台时，大事业随着这样的大气候应运而生。他们在消费者和厂家之间形成充分交融的大气层，在大气层下，商户像“万物”一样蓬勃生长，这就是“道生一，一生二，二生三，三生万物”。“道”是思路，“一”是打造的平台，“二”是进入平台的消费者和厂家，“三”是平台上的若干新商户和他们海量的商品。

由此可见，做事有两种境界，就是“三”和“万物”。“三”是布局，就像大气层一样营造万物生长的环境和空间。那么，你就要具备无极的智慧（“道”）和太极的行为（“一”），以及协调阴阳对立面的能力（“二”），而实实在在、勤勤恳恳地按照事物的发展规律做事的大众就是“万物”。

在这种形势下，如果你是一个掌控平台的人，怎样才能把事业做得更大更持久呢？那就是“损之而益”。首先，就是减损自己的贪欲。因为只有学会分享才能把蛋糕做大，这样即使只是拥有一小块蛋糕，也会比原先的大很多，而且个人也会拥有轻松快乐的人生。其次，就是改正自己生活中的不良爱好。因为只有不被妄欲所困，才能因心静而生出无限的智慧。

第四十三章 “无为”的境界和益处

天下之至柔，驰骋天下之至坚，无有入无间，吾是以知无为之有益。不言之教，无为之益，天下希及之。

【注解】

天下之至柔，驰骋天下之至坚，无有入无间，

驰骋：骑马奔驰、自由或随意地到处走动、漫游。

天下至柔的物质（如空气、水、磁力、电波、引力波、磁力波等），自由地存在或穿梭于天下至坚的物质（如石头、金属等）当中，没有它们进不到的空间或找不到的间隙。

吾是以知无为之有益。

所以我知道用至柔的品性达到无私无我的状态来运行万事万物的益处。

不言之教，无为之益，天下希及之。

大道无言的教戒、顺万物之性而施为带来的益处，天下人很少能体悟到这样的境界和益处。

【体悟】

天下至柔的物体可以自由出入坚硬的事物之中。比如水，能在坚硬的大山之间穿梭自如，无孔不入，甚至还能摧枯拉朽地改变旧局面。

那么，大道穿梭自如的应变能力、无孔不入的广大智慧、摧枯拉朽的强大力量到底是如何产生的呢？答案就是“无为”的品性。因为“无为”就是放下自我得失的行为，放下自我就能保持心静，从而广生智慧，不被得失所束缚，就能释放自己的手脚，从而广生能力。所以，只有达到“无为”的修养，才能拥有“无不为”的境界。

在现实中，能够达到“无为”境界的人很少。之所以少，是因为他既要具备能把一切行为和事物本质看透的智慧，还要具备能够解决一切实际问题的能力，最关键的是还要具备不争的品性——不仅自己要清心寡欲，而且要在利益面前甘居人后。

很多人都把“无为”等同于什么都不做，这是对老子最大的误解。再加上庄子的处世哲学，更是让世人认为《道德经》是一部消极避世的哲学著作。通过这一章的内容我们会明白，《道德经》既不消极也不避世，而是具有积极意义的一部著作。它富含大智慧，宗旨就是为社会大众谋福祉，同时能让我们自身达到超凡脱俗的境界。

对于《道德经》的智慧，曾国藩体悟得十分深刻。在与太平天国的战斗中，他曾被石达开打得落花流水，全军覆灭，投湖自杀未成。正值此时，有一老和尚送他一纸条——“黄老治心病”。所谓“黄老”就是黄帝和老子，代表道家思想。这句话的意思是：认真体悟道家智慧，可以治好你的心病。曾国藩此时早已会背《道德经》，看到这一字条，感到自己有必要对其进行深入的研读体悟。他闭门悟经一年多，终于明心见性，并在《道德经》扉页上写下“大柔非柔，至刚无刚”八个字，并将此作为终身的座右铭。从此，无论在战场还是官场他都所向披靡，一发不可收，最终成就辉煌的人生。

第四十四章　如何不被身外之物所奴役

名与身孰亲？身与货孰多？得与亡孰病？甚爱必大费，多藏必厚亡。故，知足不辱，知止不殆，可以长久。

【注解】

名与身孰亲？

名声与生命，哪个更重要呢？

身与货孰多？

生命与财物，哪个更有价值呢？

得与亡孰病？

得到名利和丧失生命，哪个对我们更有危害呢？

甚爱必大费，多藏必厚亡。

极端地喜欢某一身外之物，必然会大量地消耗你身体的精、气、神。如果因过多地、无止境地收藏身外之物而消耗了你的生命，最终只会得到一个丰厚豪华的葬礼和坟墓。

故，知足不辱，知止不殆，可以长久。

所以，懂得在身外之物上知足的人是明智的，懂得量力而行、适可而止的人才不会遇到危难，这样才能够拥有长久稳健的人生。

【体悟】

老子在这一章中开篇先用了三个反问句以引起我们对于生命意义的思考。他在思考什么呢？他在思考我们因奋不顾身追求名利而损害了自己的生命值得吗。人生最大的误区是什么？老子一语道破："甚爱必大费，多藏必厚亡"——极端地追求身外之物，必将减损自己的生命。不择手段地疯狂聚敛财富和名利，一生将会在惶惶不安中度过，最终不过是给自己置办一个豪华的葬礼和坟墓而已！这个道理大家都知道，但很多人就是做不到，他们仍然像飞蛾扑火一样奋不顾身。他们的"勇敢"行为不但得不到别人的赞美，反而使讥讽成了他们的墓志铭。所以，在追求身外之物的态度上，对于财富和名利一定要懂得知足，追求它们一定要量力而行，这样才能拥有长久而稳健的生命。

第四十五章　和谐交往的上等心法

大成若缺，其用不弊。大盈若冲，其用不穷。大直若屈，大巧若拙，大辩若讷。躁胜寒，静胜热，清静为天下正。

【注解】

大成若缺，其用不弊。

修道建德取得的成就，看上去总有缺失和不圆满，但结果和用途没有任何的弊端。之所以看上去不圆满是为了阴阳兼顾的原因，不圆满是给阴阳继续和合留存一定的空间。比如我们常说的利不独占、事不做绝，这个状态就是"多一分则倾覆、少一分则不足”的最合宜的状态。

大盈若冲，其用不穷。

修道建德追求的盈满状态是“冲气以为和”的流动状态，它是隐藏在实有变化背后的无形规律。所以，这种盈满状态虽然是抓不住的流动状态，但它的作用和能量却无穷无尽。

大直若屈，

屈：同“曲”，弯曲的意思。

从一处到另一处直线距离最近，但实际行走时这样的道路并不常见，我们往往只有绕开障碍才能到达目的地。所以，修道建德的“直”在现实中的表现形态是“曲”，但它却是最有现实意义的“直”。

大巧若拙，

原木分解则能制作各种器具，但再多的器具也合不成原来的原木。所以，守住原木一样的拙朴心态才能生出无限的“巧”。最大的“巧”就是守拙，巧从拙生，拙是巧之母，故修道建德者以拙为巧。

大辩若讷。

讷：木讷、说话迟钝。

修道建德者能够明辨事物所同时具有的阴阳两性，注重顺性而为，减少言论，且发表言论时谨慎地照顾阴阳两面的全面性。所以，明辨事理的人说话时因谨慎反而显得有些木讷。

躁胜寒，静胜热，清静为天下正。

正：不偏不倚，引申为最正确合宜的标准。

运动产生的燥热能战胜寒冷，笃静产生的智慧能战胜亢奋的头脑发热，这是阴阳互治的功用。所以，清心笃静地达到阴阳平衡才是治事修身的正确标准。

【体悟】

在为人处事上，什么样的姿态最完美、最有功效？关于这个问题，本章给出了正确的指导，传授给我们和谐交往的上等心法。

一、大成若缺，其用不弊

我们做一件事，最好的结果是看上去总有一些欠缺，无论这个欠缺是无意还是有意的，只要运用得当，最终反而能升华原计划的预期效果。

在2010年温哥华冬奥会的开幕式点火仪式上，其中一根“冰柱”没有升起，在全球一片责备声中，组委会修改了闭幕式内容——他们让小丑上台“修好”了“冰柱”，结果全世界都原谅了勇于承认错误的加拿大人。有人说：“我终于明白老子说的‘大成若缺’了，如果开幕式上没有出现意外，表面上看很完美，但结果就是谁也记不住这次点火仪式。”他接着说：“其实很多事都是这样，足球比赛的每一个经典进球都需要对方守门员的失误做陪衬，大家都完美就没有完美了。”有欠缺不怕，只要谦虚诚恳地处理好自己的欠缺，不但不影响大局的预期效果，反而能提升实际效果。

此外，“大成若缺”更是人际交往的必备法宝，诸如“利不独占”“事不做绝”“网开一面”等都是大道智慧，这样做的目的就是让某一个行为的结果得到进一步的升华。比如，“利不独占”就是把自己的既得利益给其他参与者多分享一些，虽然自己失去了一些利益，但更多的利益就会像长流的水一样源源不断地流向你；“事不做绝”就是在自己完全掌握主动权的情况下给对方一些包容和谅解，虽然结果没有达到完美的效果，但却征服了人心，避免了日后的报复，消除了隐患；“网开一面”就是在自己可以完全把猎物一网打尽的情况下，将包围网打开一面，放走一些健壮的猎物，让它们持续繁殖，虽然当下有漏失，但日后不会没有猎物可抓。所以，“大成若缺”的智慧不但能弥补无意的过失，还能收到点石成金的效果，不但能彰显你的大格局、让你受到大家的尊重，还能收到持久的效果。

二、大盈若冲，其用不穷

“冲”具有动态的意思，比如“敌人冲过来了”“水冲过来了”，等等；“盈”具有静态的意思，比如“缸里的水是满的”“他挣得盆盈钵满”，等等。在这里，老子告诉我们真正的大盈满状态并不是固定不变的状态，而是流动变化的状态，这个状态才能使我们受益无穷。比如，池塘里的水是满的看上去水量很大，小溪里的水看上去水量并不大，但它是流动的。那么，池塘和小溪相比，谁的状态更具有盈满的意义呢？很显然，池塘里的水再盈满也比不过源源不断的溪流。但很多人却执着于盈满状态的池塘而忽视了具有真正盈满意义的小溪，只看重当前的利益，挖空心思地往自己口袋里装利益，却从不考虑以后还有没有机会得到利益。所以，看一个人日后会不会有成就，不要被他现有的地位、财富、名望、头衔所影响，而是要观察他是否具备持续发展的素养和德行。

三、大直若屈

“屈”就是使某物弯曲或使某事曲折。真正“直”的状态，反而是它的反义词“曲”。比如，当你的孩子骂了别的小朋友，你直接对他进行呵斥和指正，可能你的直言收到的效果不会太好，因为这样可能会触动孩子的叛逆天性，以后反而更会明知故犯。孩子可能意识到了错误，但并不明白其中的道理，单纯的呵斥和指正效果都不会太理想。如果你选择一个单独的场合和他谈谈心，用他能听得懂的话委婉地使他明白骂一个朋友就少一个朋友，最后被孤立的是自己，被孤立就会不快乐，受外人欺负的时候还没有人帮你。所以不要乱发脾气，有情绪要多想想自己的错，多站在别人的角度考虑问题。这样做看似很曲折、很啰唆，但往往能收到更好的效果。

毛泽东说：“前途是光明的，道路是曲折的。”哪怕我们看到了伟大的目标，但走向它的道路却是蜿蜒曲折的。所以，要实现自己的理想，千万别想着走又直又快的捷径，因为这条路并不存在。只有曲折的路才能最终达到你的目的地，这个曲折的路就是最“直”的路。

四、大巧若拙

自认为很聪明的人总会干一些弄巧成拙的事，总认为自己笨拙的人成功的概率往往很大。所以，看似聪明的人可能是真傻，看似拙笨的人可能是真聪明。只有肯下笨功夫的人才是真正的聪明人，只有看上去很傻地坚守工匠精神的人才能做出巧夺天工的精品。

五、大辩若讷

有人讲话滔滔不绝，口才很好，但这些人并不是真正地拥有口才，真正大智慧的辩论高手反而是那些看似木讷少言的人，他们看透了事物的本质，总能一针见血道破天机。

通过以上内容我们会发现，具备事物真正意义的状态恰是它的反面状态。比如，最完美的成功状态是有缺陷，最稳定的盈满状态是流动，最直的状态是曲折，最聪明的状态是拙笨，最有辩才能力的状态是木讷。所以，要想得到一件事的理想结果，就要从它的反面来获得。要想达到静或动的状态，也要从它的反面来获取。最后，老子总结说："躁胜寒，静胜热，清静为天下正。"躁动能战胜寒冷，安静能战胜烦热，这就是"动"能改变"静"以及"静"能改变"动"的自然法则。这告诉我们，要想改变一件事物的现有状态，就要从它的反面入手，只有这样做才能达到中正平和的清净状态。

第四十六章　控制欲望，知足常乐

天下有道，却走马以粪；天下无道，戎马生于郊。罪莫大于可欲，祸莫大于不知足，咎莫大于欲得。故知足之足，常足矣。

【注解】

天下有道，却走马以粪；

粪：施肥，引申为耕作田地。

却：退。

走：本意为跑。

以大道思维治理天下则天下太平，在战场上奔驰的战马也退而成为耕作田地的家畜。

天下无道，戎马生于郊。

戎：兵器的总称，引申为军队、军事行动。

天下失去大道的治理，母马只得在战场上产崽。

罪莫大于可欲，祸莫大于不知足，咎莫大于欲得。

是什么原因导致失道而让天下大乱、民不聊生呢？纵容妄欲是最大的罪过，对物欲的占有没有知足的时候是最大的灾祸，欲壑难填造成了最大的过失。

故知足之足，常足矣。

所以，常抱有知足的心态就会永远感到知足。知足是一种内心的感觉、感受。寡淡妄欲修真知，不使外物累身心，这样就能感到幸福，就能达到离欲返本的“静”。静生慧，从而识万物之真性。顺万物阴阳真性变化而施以行动，就达到了不以自我为中心的无为，就能抛去小我的私欲，成就大我的格局。利益天下，从而天下乐、自己乐，何乐而不为？

【体悟】

无论对于国家还是个人，物资匮乏的贫穷生活都是痛苦万分的。我们经过努力的奋斗，物质生活得到了提升，相比之前的生活感到了莫大的幸福。于是我们进入另一个误区，那就是认为物质文明绝对和精神文明相对应，也就是说，财富的多少决定了幸福感的多少。但现实并非如此，财富积累到一定程度后，呕心沥血地使它再增长，却并不能提高我们的幸福指数，甚至会降低我们的幸福感。那么，问题主要出在哪里呢？是我们的内心和灵魂没有得到相应的安放，造成我们越是没有幸福感，越是疯狂地向外索取物质来填补内心的空虚，从而造成荒唐的事情层出不穷。所以，提升自己的精神境界，习悟人生的真谛所在，才会永远知足幸福，就如六祖慧能的一句偈语："菩提只向心觅，何劳向外求玄。"

第四十七章　为什么有些人"不出户，知天下"

不出户，知天下；不窥牖，见天道。其出弥远，其知弥少。是以圣人不行而知，不见而名，不为而成。

【注解】

不出户，知天下；不窥牖，见天道。其出弥远，其知弥少。

不出门户，就能明辨天下的发展趋势；不用透过窗户观看，就能看到天道的运行规律。为寻找真知灼见，把精力放在远求上，走得越远，知道得越少，离真相越远。见到事物的表象越多，越使我们迷茫。而大道就是万事万物发展规律和内容的普遍性，求真知的大方向是内求和参悟。佛学中说的观照内心也是这个意思。比如说认识多年的朋友，很可能你根本就不了解他，这是注重外视、忽略内照的思维方式导致的。所以，外寻功夫下得越多，得到的真知灼见越少，越迷茫。

是以圣人不行而知，不见而名，不为而成。

圣人："圣"的繁体为"聖"，指耳聪口敏的明智人。

见：同"现"。

所以，明智的人不用远行就能明辨事物的发展趋势，在事物没有具体显现之前就能命其名、归其类。顺应事物的发展规律，不必费力去做，只需稍微加以运用就能有所成就。

【体悟】

一个善于学习的学生，必然有一个善于深度思考、探寻文字背后规律的习惯。各种学科的背后都有一种普遍相同的内在规律，这个规律就是大道，掌握了这个内在规律就会一通百通。

在世界上，很多伟人都是跨界专家。比如毛主席，他是后世公认的无产阶级革命家、战略家、理论家、军事家、诗人、书法家，而普通大众可能一生也没能成为某一"家"。原因就是，大多数人只停留在表层思维上，把自己的精力放在远求和外求，结果就是见到的事物不少，认识事物的真相却不多，也就缺乏了对事物发展趋势的预判力。

那么，我们普通人怎么才能做到这些呢？用慧能大师的一句偈语来解释与说明，那就是："若能钻木取火，淤泥定生红莲。"也就是说只有深度的学习、深度的思考，才能"知天下""见天道"。

第四十八章　为学做加法，为道做减法

为学日益，为道日损。损之又损，以至于无为。无为而无不为。取天下常以无事，及其有事，不足以取天下。

【注解】

为学日益，为道日损。

学：效法掌握知识。

为：通过某种途径达到自己的目的。

益：好处、增加、渐渐的。

致力于掌握真知灼见可每天增加我们的智慧，致力于修道建德会自然地逐日减损我们的妄欲。

损之又损，以至于无为。无为而无不为。

随着妄欲的消失殆尽而达到了清净无私的无为境界。无为境界能解脱一切束缚我们的有形和无形的困扰，放飞心智，明自己之内心，察万物之本性。学习掌握大道的内容和格局，运用阴阳变化的规律法则，就能达到无为而无不为的境界，从而获得天下人的认可与推崇。

取天下常以无事，

事：在此指事端。

恒常不变的法则是利益天下，而不是愚昧地给天下徒增事端。

及其有事，不足以取天下。

如果不是采取辅助万物之性而为之，而是以自我的见识或以名利为中心横加干扰，就是为天下徒增事端，最终必然会被天下所抛弃。

【体悟】

这一章是告诉我们想要做成一番大事业的必然阶段。

第一阶段是“为学日益”。我们应广泛深入地学习各种学问，并通过实践去验证学问。只有通过实践验证的学问才可信，这样的学问就是真理，真理就是智慧。把这样的学问不断地运用到实践中，就好比把智慧像种子一样播撒到土地上，让它们生根发芽，长成茂密的森林。这片森林就是你的资本、人脉和用于实战的能力。做到“为学日益”的人，他的事业也许有所成就，但以《道德经》的标准来说，他还处于初级阶段。

第二阶段是“为道日损”。能够达到第一阶段的人，大概已到四十不惑或者五十而知天命的年龄，如果还停留在“为学日益”的阶段，就成了“吾生也有涯，而知为无涯，以有涯随无涯，殆已”。要知道，这个时候人的身体素质已经开始走向下坡路，但智慧、能力、资本、人脉等则正处于旺盛期。就好比你在第一阶段培植的森林刚进入茂盛期，此时你就应该发挥好森林的优势，让你的森林为更多的人遮风避雨，为更多的人创造生存空间。无论从年龄、体力还是个人优势，乃至于生命本身的意义来说，让你的森林发挥应有的价值才是最正确的选择，也最具有“人活一世”的意义。想通了这个道理，对外自然而然就会乐于奉献，毫无“争”的想法；对内自然而然就会减少各种贪念，达到清心寡欲的佳境。这个过程就是舍弃个人小道的过程，就是踏上人生大道的起点。这就是“为道日损”的阶段。

第三阶段是“损之又损，以至于无为。无为而无不为”。通过第一阶段“为学日益”所拥有的智慧和能力，以及第二阶段“为道日损”达到的至柔无争，于是顺理成章地正式迈入了大道。随着修为的深入，你的妄欲就会越来越减损，就像一场瘦身的过程，慢慢减去了身体的所有赘肉，使你神清气爽。这时你的智慧和能力，以及至柔无争的品性就得到了进一步的精炼和升华，从而达到了“无为”的境界。一旦达到“无为”的境界，也就拥有了无限的能力，也就是第三阶段“无为而无不为”的能力和境界。

第四阶段是“取天下常以无事”。达到了“无为而无不为”的能力和境界，并不代表可以任意而为，而是要根据社会的需要和具体形势而为。如果凭智而妄为，就是为社会徒增事端，不可能做成有意义的大事业。

第四十九章　大格局者如何协调自身与众人的关系

圣人无常心，以百姓心为心。善者，吾善之；不善者，吾亦善之，德善。信者，吾信之；不信者，吾亦信之，德信。圣人在天下怵怵，为天下浑其心。百姓皆注其耳目，圣人皆孩之。

【注解】

圣人无常心，以百姓心为心。

心：欲之使，心意、心念的含义。

明智的人不以某一个心意为恒久不变的心意，他随百姓的心意转变而转变。心意和心念是以本我为中心产生的臆想，是脱离繁杂现实因素的。而且现实因素也是在瞬息之间变化的，坚持心意就是在坚持臆想、坚持主观想象。所以，圣人无恒常不变的心意而是根据百姓的心意，加以正确引导并作为自己的心意。

善者，吾善之；不善者，吾亦善之，德善。

善：吉祥、美好、好的、善良、友好、擅长的。

对于自己喜欢或厌恶的人、都抱以宽容和善意，这样的德行才是完善的德行。

信者，吾信之；不信者，吾亦信之，德信。

信：诚实、不欺瞒、不怀疑、可靠、真实。

对于诚实可靠或撒谎无信用的人、都抱以真诚和守信，这样的德行才是真实的德行。

圣人在天下怵怵，为天下浑其心。百姓皆注其耳目，圣人皆孩之。

怵怵：保持警惕。有些版本为“歙歙”，是安详的意思。

浑：泥沙、混杂的浊水。

注：关注。

耳目：观察、探视消息。

孩：小儿笑。

明智的人心怀大道，明了事物的善恶本性并加以引导，时刻保持警惕，对天下不善者、无信者心存悲悯而无所割弃。所以，心态要像不弃泥沙的浑水一样，让百姓关注效仿，使他们返璞归真，像孩子一样露出纯真的笑容。

【体悟】

这一章是讲有大格局的人应该如何安放自己平时的想法和念头。

“圣人无常心，以百姓心为心。”《六祖坛经》中有一句偈语：“因守无常心，佛说有常性。”他把“无常心”用在了个人的心念修行上，而老子则用在了天下百姓的福祉上。因用意不同，所以他们的意境也不同。老子这句话是说，有大格局的人平时的念头就是引导百姓的各种念头步入正途。那么，面对百姓或好或坏的各种念头和行为应该如何引导呢？

“善者，吾善之；不善者，吾亦善之，德善。信者，吾信之；不信者，吾亦信之，德信。”对于善良的人我们要善待他，而对于不善良的人我们也要善待他，因为只有这样，我们引人向善的念头才具有实际意义，我们个人的善良品性才是完整的。对于讲诚信的人我们以诚待之，而对于不讲诚信的人我们也要用诚信待他，因为只有这样，我们倡导诚信的念头才具有实际的影响效果，我们个人的诚信品性才能达到完整。那么，对不善良的人报之以善良、对不诚信的人报之以诚信，会不会助长他们的恶习呢？要如何具体对待呢？在阐释《道德经》的答案之前，我先简单地介绍一下儒家对此问题的态度和方法，以便我们全面理解，量体裁衣。

儒家学说的观点是把百姓分为两种，即“君子”和“小人”，它所有学说的大部分内容就是告诉我们“君子”和“小人”的具体言行，以及通过具体的言行来分辨谁是君子、谁是小人。在如何分别对待这两者的态度和方法上，《论语》有八个字来回复：“以德报德，以直报怨。”对待君子要“以德报德”。儒家学说中“德”的含义与《道德经》中的不同。儒家以“温”“良”“恭”“俭”“让”为“德”，也就是温和、善良、恭敬、俭朴和谦让的意思。“以德报德”可以理解为对于君子的善意行为回报以善意的言行。对待小人要“以直抱怨”，也就是说对待小人要按规章制度的要求来处理。为什么这样对待小人呢？孔子说如果对小人“以德报德”，那是对善良君子的不公平，也助长了小人的恶习。以儒家对“德”的理解来说，孔子说的有一定道理，无非是平时对小人不理睬、不交往，按礼仪制度的要求来对待。而《道德经》第六十三章中的“报怨以德”则和儒家的境界完全不同。因为，《道德经》中的“德”是具有大道的智慧和能力以及大道品性的行为。那么，在对待百姓的态度和方法上，儒家的答案可以归纳为“爱憎分明”。

“圣人在天下怵怵，为天下浑其心。百姓皆注其耳目，圣人皆孩之。”首先要对所有百姓保持警惕，因为所有人的内心都兼具好与坏两种品性，只是孰多孰少的问题，并不能简单地分成非黑即白的君子或小人。每个人就像在黄河里舀出来的一碗水，都或多或少地夹杂着泥沙。有大格局的人就像黄河对待每一碗自己河里的水一样对待每一个百姓，从不厌弃，因为他们的汇聚成就了你，你就是他们的组合。所以，有大格局的人必须具备黄河一样的修为，既要有水的智慧和能力，也要有水的至柔不争和黄河的澎湃气势。这样的修为就能使所有的人像流动的黄河水一样，越靠近大海越清澈，到最后清澈得几乎接近于它发源时的原始状态。老子对待百姓的态度和方法可以归纳为：始终警惕每个人的变化，对于善恶的定性对事不对人，用自己的格局、智慧、能力、实力和至柔不争的品性，也就是“无为”的境界，让百姓耳濡目染地受到不同程度的相应教化，使百姓都能返璞归真，恢复他们本就具有的善良和纯朴。这里说的道家并不是道教。道家和道教的关系和佛学与佛教的关系相同，都好比是同一棵树的根与枝的关系。道家和佛学就像看不见的树根，只可悟不可见，但正是它们滋养了可以看得到、摸得到，供世人膜拜的道教和佛教这两棵大树。它们就是“道”和“术”的关系，“道”产生了“术”，但是“术”不能代表“道”。

我们对待所谓的好人或坏人的态度和言行，都会或多或少地受到各种学说和教派的影响，它们的观点并无高低之别，只有是否适合你的区别。

第五十章　养生长命的秘诀

出生入死。生之徒十有三，死之徒十有三。人之生动之死地，亦十有三。夫何故？以其生生之厚。盖闻善摄生者，陆行不遇兕虎，入军不被甲兵；兕无所投其角，虎无所措其爪，兵无所容其刃。夫何故？以其无死地。

【注解】

出生入死。

离开妄欲则生，深入嗜欲则死。

生之徒十有三，死之徒十有三。人之生动之死地，亦十有三。夫何故？以其生生之厚。

生生：第一个“生”是甚的意思，如生疼、生怕；第二个“生”是生活的意思；合指嗜欲的生活。

天生长寿者占十分之三，天生短寿者占十分之三，本该长寿却变为短寿者占十分之三。这是什么原因造成的呢？是因为他过度地消耗身体，生活奢侈纵欲造成的。

盖闻善摄生者，陆行不遇兕虎，入军不被甲兵；兕无所投其角，虎无所措其爪，兵无所容其刃。夫何故？以其无死地。

摄：保养、吸取。

兕：犀牛、独角兽。

甲兵：盔甲和兵器，引申为兵士或军队。

投：发向，如投射。

措：安放，如措手不及。

容：让。

刃：用刀杀。

这部分人只要做好一点就能达到延长寿命的效果，这一点就是不进入导致死亡的范围。这个范围都包括什么呢？就是一切损害生命的妄欲。这些妄欲就像扑向你的老虎、冲向你的犀牛、砍向你的钢刀，只有清除这些有损生命的欲望，你才能颐养天年。

【体悟】

这一章讲的是养生之道。现在各种养生学说、养生经验、养生机构多如牛毛，养生理论更是花样百出，但又时常互相矛盾。比如，电视上养生专家刚从各种科学角度告诉我们喝酒吃肉是如何不好，但没过一会儿又有一个对百岁老人的采访出现在画面上，老人喝着酒吃着红烧肉，说他每天如此吃喝，这就是他的长寿秘诀。此时，养生专家又马上改口说："肥肉红烧后就破坏了有害成分，建议大家一周可以吃几块。"像这样的各种理论、秘诀、营养保健品等层出不穷，乱象横生。

而老子对于养生和长寿是怎么说的呢？首先是告诉我们养生的纲要——"出生入死"，意思是离欲则生，入欲则死。然后告诉我们造成寿命长短的因素：有十分之三的人先天就具有长寿的基因，具备长寿的基础，他们后天的习性也具备长寿的条件，比如长寿老人大多有长寿的长辈，他们虽然在饮食上千差万别，但心态都普遍善良平和；还有十分之三的人天生就没有长寿的基因，家族中就没有活大岁数的人，短寿就是他们的宿命；另有十分之三的人无论具不具备长寿的先天条件却都过早地死了，原因就是被自己过度的欲望害死的，比如把财富和权力看得太重，比如把为满足虚荣而需要的自尊和价值凌驾于生命之上，再比如过度享乐、胡吃海喝、纵欲无度。也就是说，他们是死于自己的价值观和生活习性。

老子阐释了造成我们长寿与短寿的原因之后，接着告诉我们，剩下十分之一的人是如何做到颐养天年的。这部分人只做好了一点就能达到延长天生寿命的效果，这一点就是不进入导致死亡的范围。这个范围都包括什么呢？那就是一切损害生命的妄欲。这些妄欲就像扑向你的老虎、冲向你的犀牛、砍向你的钢刀，只有清除这些有损生命的欲望，才能使人修养身心，延长天寿。

第五十一章　道德的修炼过程就像一棵树的成长

道生之，德畜之，物形之，势成之。是以万物莫不尊道而贵德。道之尊，德之贵，夫莫之命而常自然。故道生之，德畜之；长之育之；成之熟之；养之覆之。生而不有，为而不恃，长而不宰，是谓玄德。

【注解】

道生之，德畜之，物形之，势成之。是以万物莫不尊道而贵德。

万物皆由“道”产生，“道”是万物之源、万物之灵魂。而万物经过修为自己的德行而达到一定的状态，待具有一定的规模后，就具有了一定的能力。所以，万物莫不尊崇于大道，无不贵重于德行。万物对待“道”和“德”的尊崇，就像参天大树对待孕育它生命的种子和阳光雨露一样。

道之尊，德之贵，夫莫之命而常自然。

“道”和“德”的尊贵之处还在于只要尊道贵德就能不需要别人的指教而达到自我改善，并达到无限增长的状态。

故道生之，德畜之；长之育之；成之熟之；养之覆之。

所以，万物产生于大道而德行畜养了它们并为它们的生长、发育、成熟提供养分和庇护。

生而不有，为而不恃，长而不宰，是谓玄德。

虽然生养了万物却不据为己有，虽然使万物达到了一定的能量却不使用它们服侍自己，虽然使它们不停地成长却不主宰它们的命运，这才是具有道性的德行。

【体悟】

让我们用一棵树来比喻悟道、修德的成长过程，一切都会恍然开朗。

我们可以把“道”比作树根，“德”比作树干，“物”比作花朵和果实，“势”比作树荫。对于我们来说，智慧是根，德行是树干，成就是花朵和果实，影响力则是树荫。土地下的树根在合适的环境下破土而出，长成了嫩芽。在树根持续的滋养下，嫩芽经过无数的风吹雨打，终于开枝散叶，逐渐长成一棵枝干粗壮、枝叶茂盛、果实累累的大树。在大树覆庇下的土地上绿草如茵、百花齐放。所有的枝叶、果实和树荫下的花草，都会对滋养它们的树根和树干尊崇备至。树根和树干的可贵之处还在于它们不需要借助外来的管理和帮助就能自然而然地使大树长得高壮粗大，硕果累累。这正是“道法自然”的奥妙。

所以，最高的德行就要像诞生于树根的树干一样。树干虽然繁衍了数不清的枝叶、孕育成熟了数不清的果实、滋养覆庇了数不清的花草，但却对它们无欲无求，而且也从不主宰和干扰它们的发展，任凭它们按照自己的生命节奏度过一生。这样的德行就是天下最高的德行，这就是“玄德”。

第五十二章 如何识道、守道和用道

天下有始，以为天下母。既得其母，复知其子；既知其子，复守其母，终身不殆。塞其兑，闭其门，终身不勤。开其兑，济其事，终身不救。见小曰明，守柔曰强。用其光，复归其明，无遗身殃，是谓习常。

【注解】

天下有始，以为天下母。

混沌无欲而清静的状态就是天下初始的状态，就是大道的无极状态。大道用“一”这个外显的德行把混沌的状态一分为二，这就是阴阳两极的产生。阴阳互动产生了万物，所以大道是万物之母。

既得其母，复知其子；

既然知道了大道所包含的阴阳互动的性质，因为子随母性，所以万物作为大道之子也具备其母的品性。

既知其子，复守其母，终身不殆。

虽然了解了万物的品性，但若要掌握它们的发展规律，则要溯本求源，复守其根，这样才能永远不会出现偏差和错误。

虽然这样的品性使万物具有了无限的创造力和生命力，然而同时也产生了自己的私欲。而世人往往只痴迷于自身的创造力却忘掉了产生创造力的混沌大道。所以，只有守住清静无欲这个母性，运作阴阳变化才会得心应手。只有守母得子，才会终身没有灾祸，否则就会舍本逐末。

塞其兑，闭其门，终身不勤。

兑：口。

门：心。

堵塞住妄欲的出口和门户，终身都不会勤苦。

开其兑，济其事，终身不救。

济：众多，如人才济济。

打开噬欲的闸门，置身于众多的欲望中，终身都会痛苦且无可救药。

见小曰明，守柔曰强。

见微知著才是智者，守柔克刚才是强者。

用其光，复归其明，

观察事物的言行外表，复而归纳出它们真实本质的才是智者。

无遗身殃，是谓习常。

不舍弃妄欲就是舍本逐末的行为，自身就会遭殃，这是恒常不变的法则。

【体悟】

这一章告诉我们修道者应该如何识道、守道和用道。

从早到晚的每一天，从春到冬的每一年，一切生命从生到死的每一个过程，从发生到结束的每一件事，从起步到消亡的每一个行业，乃至于从喝水到撒尿的每一个过程，从吸气到呼气的每一次呼吸，它们都产生于哪里，又消失于哪里？是“发、长、衰、亡”的恒定规律。这个恒规像一条大路，一切生命和事物，无论有形或无形，只要它是动态的，只要它是发展变化的，必然会在这条大路上从始至终地走一遍，这条大路就是“道”。根据不同路段的路况迈出相适宜的步伐，就是“德”。对于这个道理，无论我们明白还是不明白，愿意还是不愿意，谁也改变不了这个命运。根据不同的阶段，该急就急，该缓就缓，路程就会又稳又远。偏离大路或违反步调，祸端就在眼前，因为这条大道就是万物之母，偏离它就是背叛祖源。

我们既然知道了万物的共同祖源是大道，也就知道了万物的共同性；知道了万物的共同性，就可以根据它现在所处的阶段特点加以辅助和运用。这才是符合大道的行为。这样做的话，一生都不会遇到祸端。具备了这样的思维，你就能预判一切事物的发展，也能预判一切事物还能不能继续发展。比如，一个生机蓬勃的青年，像早晨的太阳一样朝气蓬勃，那么他下一步取得成就的可能性会很大。再比如，一个普通的上班族一夜暴富做起了大生意，或者一个长期卧床不吃不喝的人突然大吃大喝，那么这个企业和这个人根本就没有下一步发展的可能，因为这些行为就像没有经历过春天的麦芽，从冬季一下到了夏季，他们的消亡就在当下。所以，老子告诫我们“既得其母，复知其子；既知其子，复守其母，终身不殆”。意思就是，一定要按照大道规则的相应节点配以相得益彰的言行，这样才会没有危险。如果不这样做，只是肆意妄为，你将无药可救。

那么，做到何等程度才算是把大道运用到位了呢？首先要做到“塞其兑，闭其门，终身不勤”，也就是先要堵住自己妄欲的门户，一生才不会被妄欲所束缚。其次就是要“见小曰明，守柔曰强”，也就是说我们要具备见微知著、一叶知秋的判断能力，具备顺势而为以柔克刚的处事能力，具备通过其言行归纳出他本质的观察能力。具备了这些就算是把大道运用到位了，也只有达到这样的境界，一生才不会遭遇祸端。没做好哪一点就会在哪一点上遭殃，这是永远改变不了的真理。

第五十三章　如果你是执政者，应该怎么做

使我介然有知，行于大道，唯施是畏。大道甚夷，而民好径。朝甚除，田甚芜，仓甚虚；服文采，带利剑，厌饮食，财货有馀；是谓盗夸。非道也哉！

【注解】

使我介然有知，行于大道，唯施是畏。大道甚夷，而民好径。

介：坚定不移的内心操守。

夷：平坦。

径：小路。

假使我施政于天下，我知道只有坚定不移地奉行大道才能担当好这份重任，对于这份重任我心怀敬畏。我会用非常朴实坦荡的大道教化民众，让嗜好歪门邪道的民众归于正途。

朝甚除，田甚芜，仓甚虚；

朝：朝堂。

除：任命官职，如除拜（授官）、除授。

朝堂上机构臃肿，官员闲散多余而无用。民不聊生，田地荒芜，吏治腐败，国库空虚。

服文采，带利剑，厌饮食，财货有馀；是谓盗夸。非道也哉！

盗夸：强盗头目。

而官员却穿戴华丽，奢侈无度，佩戴利剑，耀武扬威；酒池肉林，贪得无

厌，财货有余。这都是强盗头目的做派，不是心怀大道的“大人”。

【体悟】

这一章是对一些昏庸执政者的鞭挞和讽刺，我们用通俗的语言解读一遍。

如果我是一个执政者，一定会坚定不移地牢记使命，对于社会及民众赋予我肩上的重担将会无比慎重，对于手中的权力将会无比敬畏。我会用大道的格局做到大公无私、我会用大道变化莫测的智慧处理好政务、我会用大道以柔克刚的能力战胜邪恶，使善良勤朴的民众生活富足、无忧无虑，使邪恶的民众受到相应的教化和适宜的惩罚从而归于正途。

我之所以发表这样的言论是因为我看到在臃肿的执政机构下，多余无用的官员在工作上闲散无聊、无所事事，每天思考的就是如何贪污和享受、如何升官和发财。在这样的机构统领下，田地荒芜、百业凋零、民不聊生，从而导致国库空虚、每况愈下。而这些搜刮到大量民脂民膏的官员们却穿戴华丽、居住奢华，出行佩戴利剑，耀武扬威。他们整天酒池肉林、醉生梦死，家宅里的金银财宝更是堆积如山。这些人哪里是官员呀，分明就是堂而皇之、无法无天的江洋大盗。这肯定是因缺乏大道治理而造成的末路天下。

第五十四章　德行修为的深浅，决定了你的事业有多大

善建者不拔，善抱者不脱，子孙以祭祀不辍。修之于身，其德乃真；修之于家，其德乃馀；修之于乡，其德乃长；修之于国，其德乃丰；修之于天下，其德乃普。故以身观身，以家观家，以乡观乡，以国观国，以天下观天下。吾何以知天下然哉？以此。

【注解】

善建者不拔，善抱者不脱，子孙以祭祀不辍。

善：有慎重的含义，如善后、善政。

拔：连根拉起。

脱：漏。

辍：中途停止。

修道是建立德行的根本，所以慎重而善于建立德行者都坚守大道。而善于坚守大道的德行就不会存在疏漏。德行和大道的关系就像子孙祭祀祖先一样，子孙无论长到多大年纪、能量有多大，也不可数典忘祖，忘记自己的出处和根脉。

修之于身，其德乃真；

修：本意指精心美化，后引申为改造、整治，又引申为学习、追求完美。

真：本意为通过求真知的加深而变化成仙人。古代只要是凡人修真知而成仙的都称作“真人”。这里我们勉强将其称作“智慧”。

以大道修化完善自身，随着德行的加深，自身会越来越有智慧。

修之于家，其德乃馀；

用大道修化完善一个家庭，随着德行的加深，家庭各方面都会美满。《易传》中“积善之家，必有余庆”也是这个含义。

修之于乡，其德乃长；

乡：周朝以五州为一乡，含一万两千五百个家庭。引申为地区。

以大道修化完善一个地区，随着德行的加深，这个地区就会长治久安。

修之于国，其德乃丰；

以大道修化完善一个国家，随着德行的加深，这个国家就会取得丰功伟绩，从而使民众丰衣足食，国泰民安。

修之于天下，其德乃普。

以大道修化完善天下，随着德行的加深，就会普天同庆，天下大同。

故以身观身，以家观家，以乡观乡，以国观国，以天下观天下。

所以，通过观察身、家、乡、国、天下的德行深浅程度，就明白他们修为大道的境界。

吾何以知天下然哉？以此。

我如何知道天下万物的兴衰呢？就是以修道建德的状况进行判断。

【体悟】

历朝历代参悟《道德经》的人不计其数，虽然都有所受益，但修成大果的人还属少数，其原因除了悟性高低的差别外，最关键的是其知行合一的程度。因为《道德经》既有具体的思维方式，也就是“道”，又有包罗万象的行动指南，也就是“德”。所以，它完全具备现实的操作意义。在本章中，老子形象具体地描述了修德行的最高境界。

老子认为，修德的人的最高境界就是把大道规则像树根一样深深地植入自己的内心深处，一言一行和每一个念头都毫无漏失地符合大道规则。一切思想和言行就像子孙祭祀先祖，像不忘祖训一样牢记大道的规则，只有做到这样的程度才会取得丰硕的成就。这样的修行体现在我们身上，就能达到“修之于身，其德乃真”的境界。历史上只要是称作“真人”的神，都是具有真实历史背景的人。“神”字由“示”和“申”组成，本义是指智慧得到了无限延伸。所以，这句话应该理解为，通过这样的修行会使你的智慧得到无限延伸。这种修行体现在家庭里，就能达到“修之于家，其德乃馀”的结果。这也就是《易传》中“积善之家，必有余庆”的含义。这种修行体现在治理一个地区上，就能达到“修之于乡，其德乃长”。“乡”，在古代五州为一乡，引申为地区；“长”，是长治久安的意义。这句话是说，一个地区通过这样的治理，就能达到长治久安。这种治理体现在一个国家上，就能达到“修之于国，其德乃丰”的效果。“丰”就是丰功伟绩。这种修行体现在天下，就能达到“修之于天下，其德乃普”的效果。“普”就是普天同庆。

最后，老子总结道：“吾何以知天下然哉？以此。”——我是如何知道天下的兴衰以及每个人、每个家庭、每个地区、每个国家的兴衰呢？就是根据他们修为德行的高低程度来判定的。由此可见，一个人的修为和境界高低决定了他事业成就的大小。

第五十五章　向婴孩学习，你将受益无穷

含德之厚，比于赤子；毒虫不螫，猛兽不据，攫鸟不搏。骨弱筋柔而握固，未知牝牡之合而全作，精之至也。终日号而不嗄，和之至也。知和曰常，知常曰明，益生曰祥，心使气曰强。物壮则老，是谓不道，不道早已。

【注解】

含德之厚，比于赤子；

含：不吐也不咽，指反复参悟、体悟。

赤子：刚生下的婴儿颜色发红，所以称作赤子。

一个人体悟德行，积累到深厚时的状态，就好比一个刚出生的婴儿的状态。

毒虫不螫，猛兽不据，攫鸟不搏。

螫：刺、扎。

据：占据，引申为侵犯。

攫鸟：猛禽。

博：搜索方式、捕捉。

婴儿无知无欲，没有占有和侵犯的想法，外物也感觉不到被占有和侵犯的威胁。他的弱小只会激发外物天生的母性去保护他。在自然界中，猛兽养人类婴儿的例子并不少见。德行深厚到无欲无争的人，一切外物都不会产生伤害他的想法。所以老子说，毒虫不螫他，猛兽不侵犯他，猛禽也不会捕捉他。

骨弱筋柔而握固，

婴儿的手抓握得很牢固并非是他的力气有多大，而是他至柔的筋骨能把硬物不露空隙、全部地包裹住，所以才会抓握得很有力。这就是德行达到至柔的状态时能够以柔克刚的原因。

未知牝牡之合而全作，精之至也。

牝牡之合：指男女之事。

作：兴起，如振作、一鼓作气。

婴儿不知男女之事，却具有自然的生理反应，这就是他元气精纯的体现，所以他才拥有了旺盛的生命力和无限成长的能量。

终日号而不嗄，和之至也。

嗄：声音嘶哑。

婴儿整日号哭声音却不会嘶哑，是因为他阴阳至合的原因。德行深厚的人处理繁杂事物会运用阴阳互动的规律，虽然变化莫测、奥妙无穷，但始终把阴阳平衡、清静无为的标准视作德行的根本。

知和曰常，知常曰明，

明白了达到阴阳平衡是恒常不变的法则，知道把这个法则作为培养德行的标准，你的行为就明智了。

益生曰祥，心使气曰强。

益：水满而溢，增长、增加。

对于不修道建德的人，就像婴儿逐渐长大出现的征兆，他的欲望会越来越多、气恼的事也会越来越多，不良的焦躁情绪使他变得越来越强横暴躁。

物壮则老，是谓不道，不道早已。

已：停止、灭亡。

事物过度强壮就会衰老，不遵守大道至柔的规则，强暴的失道者都会过早灭亡。

【体悟】

德行深厚的得道之人，为什么要坚守至柔无争和阴阳平衡的品性？如果不具备这种品性，人又会是什么结果呢？关于这个问题，老子用刚出生的婴儿举例，完美地做出了解答。

老子说："含德之厚，比于赤子。"在这里，老子鼓励我们向婴儿学习。他用了"含"这个字，即含在嘴里，不吐也不咽，形容反复体悟。德行修悟深厚的人，他的状态犹如一个刚出生的婴儿，不争而达到了极致。不争就不会招怨，毒虫、猛兽和猛禽就不会攻击他。其实，我们遭受的攻击大部分是自己争名夺利造成的。对于毫无缘由地被人攻击，我们应该如何应对呢？老子说："骨弱筋柔而握固。"意思就是，婴儿能用他稚嫩的小手把大人坚硬的手指牢牢地握住，原因就是他至柔的筋骨能像一条橡皮筋一样把大人的手指紧紧地勒住。这就是以柔克刚的道理。所以，受到无缘无故的攻击时，就要用至柔的手段来应对，达到以柔克刚的效果。婴儿之所以能达到无争和至柔，关键在于他的无欲无求。所以，我们如果不想被人攻击，就要具备至柔不争的品性和能力，而这个能力来自你的无欲则刚。只有这样，我们才能平安度过一生。所以，"含德之厚"的人会永远坚守至柔无争的品性。那么，具体做事时又应该如何操作呢？

老子认为，婴儿还不会说话，在他正常的需求、欲望达不到满足时就会哭，但是即使整天哭，声音也不会嘶哑，而成年人哭一会儿嗓子就哑了。这是因为婴儿的哭并没有破坏他身体阴阳平衡的缘故。知道了这个道理，我们在日常处理事物的时候，在完成一项事业的过程中，一定要牢牢把握阴阳平衡的关系，如果想达到阴阳双方的互制，就要把杜绝阴阳双方互吸的可能性作为重点。如果想达到阴阳双方互吸的团结，就要以铲除阴阳双方的隔阂为重点。比如阴中有阳，阳中有阴，以阴求阳，以阳求阴，等等，阴阳运用起来变化无穷，这就需要不断地体悟。但无论如何，一定要牢记阴阳要相对平衡，绝对不能产生孤阴或孤阳的情况，因为孤阴不生、孤阳不长，是个死局。所以“含德之厚”的人，在做事的时候永远牢记阴阳的变化规则，在处理事物的时候才能明智地掌控全局的发展方向，从而做出正确的选择。

对于不学道、不修德行的人，对于至柔无争的品性和行为或许会感到不可思议，甚至会耻笑，对于阴阳思维会认为是狡诈，正义之剑也只会认为是凶器。所以他只会按照常人惯性的成长过程慢慢变化和长大，就像一个逐渐长大的普通人，他的欲望会越来越多、气恼的事会越来越多、焦躁的情绪会越来越大、性情会越来越强横，自己做一番事业也把控不住全局，只会任人摆布，处理事情毫无章法，或者生搬硬套，一生都将生活在内忧外患的处境中，抑郁地走完自己的一生。这就是老子所说的“益生曰祥，心使气曰强。物壮则老，是谓不道，不道早已”。这个道理很容易理解，就像一个逐渐长大的婴儿所产生的征兆一样，各种欲望也会出现逐渐增多的征兆，欲望得不到满足就会生气，随着气恼的事越来越多，性情也会变得越来越强横，就像万物一旦到达最旺盛的时候就会向衰老的方向发展一样，最终走向消亡。这就是失道的必然结果。

第五十六章　和光同尘的说话做事智慧

知者不言，言者不知。塞其兑，闭其门，挫其锐，解其纷，和其光，同其尘，是谓玄同。故不可得而亲，不可得而疏；不可得而利，不可得而害；不可得而贵，不可得而贱。故为天下贵。

【注解】

知者不言，言者不知。

知道了万物都同时存在阴阳相对的两面性，我们就不会轻易发表言论主张，因为言论很难做到阴阳相对的两全其美，而轻易发表言论主张的人，大都不知道这个道理。

塞其兑，闭其门，

具体怎么做呢？首先是修身。堵塞妄欲的门户，笃行虚静，达到明心见性。

挫其锐，解其纷，

其次是处事。以至柔的品性挫其刚锐，以明心见性的无为之智解其纷扰。

和其光，同其尘，

最后调和自身的外显状态。达到处上不炫耀自贵，处下不昏昧自卑，不凭智清高，不凭贵自殊，同凡人无异。

是谓玄同。

这样才会与“道”同行。

故不可得而亲，不可得而疏；不可得而利，不可得而害；不可得而贵，不可得而贱。故为天下贵。

对于与“道”同行的得道者，已经达到阴阳平衡混元合一的境界，所以面对亲疏、利害、贵贱这些阴阳二元对立的事物时他不会执着于任何一端，也不会受到两个极端的伤害和干扰。他把高深的大道修为付诸行动，在动态的事物中达到全局的阴阳平衡，从而利益天下，被天下人所尊崇。

【体悟】

人生天地间，每天都要面临各种各样的问题。那么，我们在各种场合发言以及处理复杂事务的过程中，应该把握怎样的度才能收到最真实、最公正的绝妙效果呢？

所谓发言，就是针对某个人、某件事或某个道理发表自己的观点。比如大家都针对同一本书发表自己的意见，往往会因为每个人对它内容理解的层次不同、各自的价值观不同，以及仁者见仁、智者见智的侧重点取向不同，而对这本书的认知观点存在千差万别。如果不知道这个道理，只按照自己的观点发言显然是偏颇的。知道了这个道理，就要谨慎发言。这就是“知者不言，言者不知”的道理。执念于自己观点而发言的人，是因为他不明白这个道理。

那么，如何才能让自己的发言更严谨、更完美呢？老子给出的方法是“塞其兑，闭其门”。首先，自己要无私无欲，发言才能公平公正。只有去掉人为添加的一切色彩，才能还原事物的真实相状，才能达到“挫其锐，解其纷”的处事效果，你的发言才能得到大家的信服和尊重。而此时你不要盲目骄傲、清高自大，如果这样的话，你发言的性质就会在大家心目中发生改变，大家会怀疑你发言的真实意图，认为你是在炫耀自己，以炫耀自己为目的的发言，大家除了鄙视以外，更不会采纳你的发言。所以，这时候要“和其光，同其尘”才能让大家对你本人也尊重有加。比如，几个盲人去摸一头大象，摸到腿的说它像一根柱子，摸到身躯的说它像一堵墙，摸到尾巴的说它像一条蛇，最后你告诉大家大象的真实相状，几个盲人都很高兴，对你的描述既信服又尊重。这时候你如果来一句“就是因为你们都是瞎子，所以才会这么笨”，你认为大家会对你产生什么样的态度和想法呢？所以，这就是典型的具备解决问题的能力，却没有“和其光，同其尘”境界的低素养行为，其结果可想而知。

另外，在你的发言得到大家的信服和尊崇之后，不要再去点评大家刚才发言的高低优劣，不然大家就会认为你亲疏有别，或无意之间使大家互攀长短。也不要剖析对谁有利对谁有害，因为一旦让利害得失牵制大家的想法，就会偏离全局的正确路线。更不可妄谈谁贵谁贱，因为只有分工不同、贡献有差别，就像身体的各个部分，哪里分得出腿重要还是胳膊重要呢？把握好这些度，你的发言和行为就会受到大家的信服和尊崇，你个人也会受到大家的敬重。

第五十七章　经营管理的总纲、误区和忠告

以正治国，以奇用兵，以无事取天下。吾何以知其然哉？以此：天下多忌讳，而民弥贫；民多利器，国家滋昏；人多伎巧，奇物滋起；法物滋彰，盗贼多有。是以圣人云：我无为而民自化，我好静而民自正，我无事而民自富，我无欲而民自朴。

【注解】

以正治国，以奇用兵，

正："中"也，不左不右、不偏不倚，最合宜的状态。

奇：出人意料、奇异。

治理国家要站在整个国家的角度施政，对国家整体的阴阳两面进行调控，以达到大局处于不偏不倚、最合宜安稳的中正状态。军事行动上只用阴阳变化，不用中正，以达到变化莫测、虚实杂糅、奇招频出的战略战术。

以无事取天下。

事：事端，如没事找事。

要取得全天下的推崇，就要效法天地的品性，天地施利万物却不据为己有，不需要它们的供奉，也不去主宰它们的命运。尊重它们存在的合理性，不主观地判定它们的性质或去改变它们，也就是不制造事端而破坏天下的生态链。

吾何以知其然哉？

我是如何知道这样做的合理性呢？

以此：天下多忌讳，而民弥贫；

从以下几点：设置越多的避讳和禁忌，以达到国家事无巨细的绝对权威，结果就会束缚民众的思想和行为、压制他们的智慧和创造力，导致民众越来越贫困。

民多利器，国家滋昏；

滋：滋生、滋蔓。

去除所有的避讳和禁忌、释放民众的勤劳和智慧、使之富裕并赋予利器、加强个人至上的维权意识，这样绝对的民主，能使勤劳有智慧的一部分民众越来越富足，但没富起来的民众手中的维权利器就会变作凶器，致使国家越来越混乱。

人多伎巧，奇物滋起；

伎巧：奇技淫巧，指过于奇巧而无益的技艺或制品。

物质丰富了，随之而至的是精神丰富。奇技淫巧就是精神丰富的产物，而它会滋生社会中的怪异现象，破坏国家的稳定。

法物滋彰，盗贼多有。

法物：技艺制作的稀罕物。

推崇或炒作稀罕物，让民众以拥有它来彰显身份的尊贵，是在滋长、怂恿民众的贪欲，而贪欲是产生盗贼的元凶。

是以圣人云：我无为而民自化，

所以明智的人说，只要我做到大公无私的执政，民众自然会得到正确的教化。

我好静而民自正，

我挣脱妄欲的诱惑，坚守初心本色，静笃守慧，民众自然会得到中正合宜的治理。

我无事而民自富，

我只要调控全局，不过细过多地干扰民众的创造力，民众自然会富裕。

我无欲而民自朴。

我只要做到没有妄欲，就不会引导和影响民众滋生妄欲，民众自然会归于纯朴。

【体悟】

本章讲的是经营管理之道，开篇三句就是总纲。

一、以正治国

无论对于企业还是国家，在治理当中都要突出一个“正”字。“正”字有两个含义：一是它的本义“征”，征伐的意思，所以有“纠正”的含义；二是“一”加“止”为“正”，就是行动有所禁止才能做到中正。“以正治国”就是用符合大道的言行来纠正偏差者的错误，使他们归于正途。大道体现在管理之中有哪几点呢？首先，要去除自己的妄欲，洁身自好，从而达到以“静”生“慧”。其次，对于真知绝学要勤学勤悟并且勇于实践，达到知行合一，从而提升自己的综合素质和做事能力。最后，在功劳面前要居于人后，不争名夺利也不自视清高。以上三点就是自我管理之道，只有把自己管好了，才能管理好团队。领导和团队的关系就像水源和河流的关系，水源不足的河流根本谈不上疏理河道。管理团队就像疏理河道。首先，不要亲疏有别、政令不一；其次，要弘扬正能量、利害分明；最后，根据局势的变化，谨慎地调整制度即可。

二、以奇用兵

对外经营要突出一个“奇”字。“奇”就是出人意料，具有惊异而美妙的含义。无论是《孙子兵法》还是《三十六计》，突出的都是一个“奇”字。能做到出奇制胜，靠的是丰富的智慧和经验。比如，观看高手下棋，面对奇妙招数你发出了惊叹，这只能说明你的思路没有高手考虑得周密和长远。所以，智慧的高度决定了“奇”的高度，而“奇”的高度决定了能力的高度。

三、以无事取天下

只有做到让大家认可你、尊崇你，你的经营理念才能顺利实施。要想达到这一点，就要明白“以无事取天下”的道理。“无事”并不是不干事，这里的“事”是事端的意思，“无事”就是不要干扰大家的正常工作和职责，不要人为地制造事端，让大家安心地工作并尽职尽责。无论是企业还是国家，只有分工明确、各尽其职才能稳健发展。下属大多干扰不到领导的职权，但领导往往会干扰下属的职权。领导这样做的原因无非有两点。一是出于私心。有私心的领导怎么会被大家尊崇呢？二是对下属的工作不满。如果大家都感到不满，就应该果断替换，这样你才是一个称职的领导。没有魄力的领导怎么能受到大家的尊崇呢？

以上三点是经营管理的总纲，那么在经营管理当中容易出现哪些误区呢？

一、天下多忌讳，而民弥贫

一个企业或一个国家的经济搞不上去，除了存在不可抗拒的因素外，就是自身制度条条框框太多的原因。比如，是否存在机构冗杂、管理重复等现象。一件事情多个部门都能管，对自身有利的就管，没利的就不管，会造成看似有很多部门管，其实重大艰难的问题却谁也不管。这样一来，管理权成了争利权，领导推卸责任的能力等同于领导水平的高低。如此权责不明的制度，如何调动大家工作的积极性呢？而对于普通民众来说，过多的条条框框束缚了他们的积极性和创造力，限制了他们的创新意识和智慧的发挥。这就是我国为什么要坚持改革开放的原因，目的就是改良落后的制度和体制，解放和发展民众的生产力，使国家和人民都富裕起来。

二、民多利器，国家滋昏

利器就是武器，武器是一把双刃剑，既能维护正义、保护自己，又能成为凶器、助长邪恶。正因为国家没有自信保护民众，才会让民众自己拥有武器进行自保，而以自保名义让民众拥有的武器，又成了邪恶者伤害民众的凶器。这种制度既是国家不自信的表现，也是导致国家混乱的原因。我们国家是世界上禁枪最严厉的国家之一，也是世界上最安全的国家之一，这来源于我国政府对于保护人民的自信和担当。我们生活在这样的国度已经习以为常，而对于这一点，欧美人民却有着截然不同的处境和感受。

三、人多伎巧，奇物滋起

伎巧是指奇巧而无用的技艺，这些都是生活水平提高后的畸形产物。有识之士都会对它避而远之；没有辨别能力的人深受其害，沉溺其中不可自拔；头脑空虚的人则视它为精神食粮。比如一些低俗的电玩游戏，它滋生了许多前所未闻的怪诞现象，残害了太多青少年的美好未来；再比如传销、电信诈骗以及各种谣言，这些举不胜举的奇技淫巧不知伤害了多少没有辨别能力的普通大众。这些都是社会发展和科技进步的负面产物，但不能因此而否定发展和进步的正面意义，更不可因噎废食。我们只能面对它，并通过不断加强自己的辨别能力避开它，而国家也应该在顺应社会发展进步的同时对这些不良产物进行打压与制止。

四、法物滋彰，盗贼多有

“法物”就是稀罕而无实用价值的物品。一句“钻石恒久远，一颗永流传”，不知引起了多少人的虚荣欲望，滋生了多少为拥有它而产生的罪恶。钻石究竟有什么价值呢？如果想用它来彰显你的富有和高贵，其实你富不富有、高不高贵，别人心里早有定论，和拥不拥有它毫无关系。如果用它来显示你的美丽，其实丑陋的人带上它更能突出你的丑陋，而美丽的人则不需要俗物的点缀。如果你真心喜欢它的美丽，其实高仿的也可以，因为肉眼根本辨别不出它的真伪。如果你认为它代表了爱情的永恒，其实爱情永恒与否是相互吸引的结果，和钻石没有丝毫关系。如果你认为它稀有，存在升值的空间，其实它的存量多得数不完。它的作用就是满足你虚荣心的需求。这会使拥有不到它的人产生占有欲，让胆大妄为的人产生偷盗的想法和行为。一切稀罕无实用价值的物品只会满足人们的虚荣心，从而滋长和怂恿人们的占有欲，这是产生盗贼的元凶之一。所以，国家应该加强宣扬正确的价值观，对于社会上奢靡攀比的不良风气进行纠正，引导和提升民众的综合素养。

以上四点告诉领导者在管理企业的过程中要警惕出现的这些误区，但能不能管理好企业，最终还是取决于管理者的个人素养。所以，在本章的最后，老子对管理者提出了四点忠告。

一、我无为而民自化

自己在个人修养上要大公无私，处事上要顺应形势、调整制度，这样民众自然就会得到正确的教化。

二、我好静而民自正

我只要洁身自好、清心寡欲，看待问题就会很公正，民众自然会得到中正合宜的治理。

三、我无事而民自富

不扰民，只管调控好全局，民众自然会释放生产力，从而生活富裕。

四、我无欲而民自朴

具备正确的价值观，同时发挥自己的影响力，自然会引导民风归于淳朴。

第五十八章　看透人性真相，才能管理人性

其政闷闷，其民醇醇；其政察察，其民缺缺。祸兮，福之所倚；福兮，祸之所伏。孰知其极？其无正。正复为奇，善复为妖。人之迷，其日固久。是以圣人方而不割，廉而不害，直而不肆，光而不耀。

【注解】

其政闷闷，其民醇醇；

闷：不闹腾、不声张、不扰民。

治理国家要把重心用在调控大局上，尽量不扰民，让民众把精力用在创造物质财富中，民众就成了纯朴的劳动者。

其政察察，其民缺缺。

察：对任何小事都看得很清楚。

缺：缺陷、不真诚。

治理国家若把所有小事都当成大事一样清楚对待、把民众当作贼一样来防范，民众的精力就都用在了应付调查中，他们就成了谎话连篇的骗子。

祸兮，福之所倚；福兮，祸之所伏。

苦难往往伴随福运而来，福运往往隐藏在苦难之中。

孰知其极？其无正。

谁又知道福与祸的尽头呢？其实把它们分开对待是不正确的观点，因为它们只是事物的一体两面。

正复为奇，善复为妖。

正确的事情从反面看也有不好的一面，善良的事情从反面看也有恶的一面。

人之迷，其日固久。

人们之所以把福与祸分开对待，是趋利避害的心态造成的，这样执迷于一面的思想已经很牢固而久远了。

是以圣人方而不割，

方：原指两条并行的船，引申为方正。

所以，明智的人不以自己的喜恶而割舍自己厌恶的一方，品行上才达到方正。

廉而不害，

廉：原指堂屋的侧边，引申为正直、清廉、考察清楚。

考察清楚事物的原因是为了公平合理地解决问题，达到纠正的目的，而不是为了损害它们才去考察，这才是处事廉明的意义。

直而不肆，

直：把弯曲的伸开，矫枉就是行直。

肆：古代指处死犯人后暴尸示众，引申为放纵。

行直是为了达到矫正曲枉，而不是以暴露别人的丑恶为目的。这样也就不会使做出丑行者产生破罐破摔的想法，从而达到具有现实意义的矫正目的。

光而不耀。

光明的言行是为了使思想昏暗、步入迷途的人找到光明大道、归于正途，而不是以智慧的光芒来炫耀自己。

【体悟】

这一章是阐释人性的管理，让我们一起来领略其中的大智慧。

一、其政闷闷，其民醇醇；其政察察，其民缺缺

“闷闷”就是不闹腾、不扰民，“察察”就是细究小事，“缺缺”就是欺骗。这句话说的是由两种不同的管理态度产生的截然相反的两种结果。第一个管理者把重心放在宏观调控上，尽量不闹腾、不扰民，看似管理者不作为，好像没有存在感，但结果是民众没有了压力，把精力都用到了创造财富中，民众都成了淳朴的劳动者。第二个管理者对民众事无巨细都去过问和细究，看似很作为，很有存在感，结果是民众把精力都用在了应付调查上。精力没有放在工作上，成绩肯定不好，为了不被追究责任，他们只能瞒报说谎，于是他的民众就成了骗子。其实第二个管理者的出发点也是好意，他的本意是追求完美，错就错在没有智慧，不明白事物的一体两面性，而人性也是如此。

二、祸兮，福之所倚；福兮，祸之所伏

人的天性都是趋福避祸的，这种天性左右着人的各种言行。但我们永远也避免不了坏事的发生，因为一些看似对自己有利的事，经过一段时间的发展，又变成了对自己不利的事；看似对自己不利的事，经过一段时间的变化，又成了对自己有利的事。它的性质一直在循环往复地转变着，没有尽头。某个朋

友，有时你觉得他对你有帮助、有时你感觉他对你有伤害，这种感觉也是没有尽头的。其实，无论父母、夫妻、领导、下属等，一切和你有交往的人感受都是如此。这些事情和关系产生的烦恼困扰着人的一生。其实是大家对事物和人性的认知出现了偏差，从而产生了片面性，再加上趋利避害的天性造成了大家这样的认知。因为，任何一件事物都同时具有两种性质，这两种性质是不可能分开的。就像一件事物有向阳的一面必然有背阴的一面，有实物必有影子，你不可能按照自己的喜好只要它的一面而不要另一面，这样的事物是不存在的。

明智的人知道这个道理，所以在治理政务时就能很好地把握住这个度。

一、方而不割

“方”的本义是指两条并行的船。但事实上，你只能站在其中的一条船上，对于另一条船，如果放任不理就失去了“方”的意义。所以，一个品性方正的人并非是独善其身，也并非只团结与自己志趣相同的人，而是能够包容与自己志趣不同的人，对他们不割舍、不抛弃，这样的品性才称得上方正。

二、廉而不害

廉明的施政应该达到矫枉纠正的目的，如果纠正错误超过了应有的限度就成了矫枉过正，这不是挽救而是伤害。所以，这样的廉明不是廉明，而是害人的愚廉。

三、直而不肆

“肆”古义指处死犯人后暴尸示众。公平正直的施政是为了给犯错的人相应的惩罚，使他们以后走向正途。如果过分宣传他的丑恶，是在断绝他重新做人的后路，违背了治病救人的原则。

四、光而不耀

灯光是为了照明黑暗，使人的眼睛能起到应有的功能。如果灯光太强，刺得人眼睛睁不开，这样的灯光有什么用呢？明智合宜的言行是为了给大家答疑解惑，引导正确的方向，过分的表现则会让大家厌恶。

第五十九章　治人事天要多向农夫学习

治人事天，莫若啬。夫唯啬，是谓早服；早服谓之重积德；重积德则无不克；无不克则莫知其极；莫知其极，可以有国；有国之母，可以长久；是谓深根固蒂，长生久视之道。

【注解】

治人事天，莫若啬。

治：管理。

事：从事、效法。

啬：农夫种植和收割庄稼。

管理者就要效法上天用四季变化管理万物生长一样，最好的例子莫过于农夫管理农作物。

夫唯啬，是谓早服；

服：适应，如水土不服。

效法农夫严格地按照天气和具体的二十四节气的变化，适时根据各种农作物的不同特性进行适宜的管理和收割储藏，知道了这样的恒规就要早早地适应和运用。

早服谓之重积德；重积德则无不克；

重：数量多，如重兵、重金。

克：攻克、制服。

越早地适应和运用，你的经验和德行就越深厚，达到了一定的程度，你就有了无所不能的能力。

无不克则莫知其极；

达到了无所不能的能力，众人就不知道你能力的尽头。

莫知其极，可以有国；

具有了克服一切困难的无穷智慧和能量，就具备了能够管理好一方百姓的能力。

有国之母，可以长久；

坚守产生这个能力的大道思维，积累自己的德行，德牧一方百姓，就会实现长治久安。

是谓深根固蒂，长生久视之道。

蒂：树枝与花果的连接部分。

这才是根基深厚、固不可摇、长盛不衰的道理。

【体悟】

这一章告诉我们，要想提高自己的各项能力，只能靠反复的实践。

老子认为，上天管理万物并不是靠说，而是靠实实在在的劳作。按照日月的起息，遵循四季的变化，而对于这一点，我们最应该向农夫学习。他们根据不同节气的气候特点，恰当地进行不同的劳作内容，经过春耕、夏长、秋收、冬藏的劳动过程，年复一年地积累着自己的收获。很多单位和企业的领导从早到晚的工作就是开会，单位俨然成了学校——领导是校长、中层干部是班主任、底层干部是小组长、办事员是学生。干实际工作就像在体验生活，书本理论都很扎实，实操能力都是门外汉，工作业绩怎能不造假——造假属于正常，不造假饭碗就没了。这样的单位全员都在配合领导，因为领导的工作内容就是开会，开会越多说明领导越尽职，最苦的是被这个单位管辖的企业和个人——反映问题他们顾不上看，因为堆积如山的会议内容还没有消化完。此时，除了领导之外的所有人，除了呜呼哀哉就只剩下一声叹息。这样的单位和企业，它们的存在有一定的历史原因，但也会很快成为历史，因为它们违反了天道管理万物靠做不靠说的原则。

还有一些企业、单位或个人，他们重做不重说，但业绩也不理想。其实他们应该好好向农夫取取经，农夫种地前首先要知道什么季节种什么农作物，比如谷雨前后本应种瓜点豆，你却在谷雨前后撒麦种稻，即使再勤奋也将一无所获。而根据大气候的到来，提前做好相应的布局，即使你没有太辛苦，收获也不会错。所以，选择比勤劳更重要。再者，行业都有它的周期性，就像一年四季的春夏秋冬一样。在春季的播种期也就是这个行业的萌芽期之前，就可以选择最佳时期大量布局；进入旺盛期就要考虑快进快出，加大交易频率；而进入秋冬季，就要逐渐收尾和隐退，选择适合秋冬季播种的农作物进行播种，等候明年开春时的收成。在一个行业的不同周期节点，要选择相应正确的运作方案。如果应该布局时你去提前交易，该大量交易的时候你选择继续布局或提前收尾，都不能收到最好的效果。因为这是违背天道四季变化的行为，失败是必然的，只能怨你咎由自取。

知道了重做不重说、知道了按照事物不同的发展节点采取相应的行动，你就要早早地适应这个天道规则，并将这个规则在实践中反复揣摩和体悟，达到运用自如的境界。这样一来，你的实战能力将会达到攻无不克，大家对你的能力不敢小觑，你也将成为行业中的翘楚。而这个时候你更要牢牢记住，你的成就来自于天道，天道还有物极必反的规则，只有加倍地谦虚低调，永远寻找自己的不足之处，才能把事业这棵大树培养得根深蒂固从而长治久安。

第六十章　管理者要像煎煮小鱼那样小心翼翼

治大国若烹小鲜。以道莅天下，其鬼不神。非其鬼不神，其神不伤人；非其神不伤人，圣人亦不伤人。夫两不相伤，故德交归焉。

【注解】

治大国若烹小鲜。

小鲜：小鱼。

管理大国要像煎煮小鱼一样小心谨慎，既让它入味又不能破坏它娇嫩完整的外形，这就需要兼顾到小鱼接触锅底阴面的一侧和看得见的阳面一侧。

以道莅天下，其鬼不神。非其鬼不神，其神不伤人。

神：神通。

以大道临莅管理天下，有才无德的小人就失去了危害天下的神通，并非小人没有神通，而是他的神通伤害不到人。

非其神不伤人，圣人亦不伤人，

圣人：指有德有智、心怀大道、利益天下的人，所以一直译为明智的人。在此章中，为和小人相对，译为君子。

因为有德有智的君子以利益天下为己任，对聪明有才的阴险小人产生了压制，所以他对任何人都无所伤害。

夫两不相伤，故德交归焉。

所以，明智的领导者依照大道的思维治理天下，就会使小人和君子都不会伤害到民众，从而把小人的聪明才能和君子的智慧德行都效力在了天下的福祉之中。

治理国家就像煎煮小鱼，把小鱼接触锅底的阴面一侧比作小人，朝上的阳面一侧比作君子，让处上位的君子压制小人的阴险，不使其发作邪恶。给小人压力，让他证明自己存在的价值，也就充分得到了他的聪明才智。同时，在下位的小人托显了在上位的君子，也起到了托载君子品性持久性的作用，使君子的品性不会随着时间变化而破败变散。小人和君子的精力都用在了大道上，哪有时间害人呢？哪有条件腐败破散呢？所以，小人的聪明善变和君子的光明与智慧就合并归献于天下，就像做出来一盘色香味俱佳的鱼鲜。

【体悟】

相信凡创过业的人都深有体会，表面看上去风光无限的领导和企业家其实都很不容易，他们像驾驶一艘巨轮的掌舵手，集责任、权力、方向、荣辱于一身，既要力争使逆水而上的大船乘风破浪、砥砺前行，又要时刻观察入微，避开暗礁丛生的凶险地形。所以，老子在本章开篇说“治大国若烹小鲜”。“小鲜”就是小鱼，治理一个国家要高度谨慎，就像煎煮一条小鱼一样小心翼翼，既要煎熟又要入味，关键是还不能破坏它完整的形状，只有这样才能算是一盘成功的佳肴美味。要想达到这个效果，只有“以道莅天下”，就是用大道的境界来管理天下，绝对不可乱翻妄动。

因为大道倡导的是淳朴，所以用大道的理念管理天下，淳朴的风气将会得到普及，从而成为大众的价值取向，致使一些巧诈小人成为全民公敌，无处藏身，致使他们的巧诈无法施展。这并不是他们的巧诈不存在了，只是没有了发挥的空间，迫使他们把聪明才智用到正道上。这样的话，巧诈者的聪明才智和国家栋梁者的聪明才智就都用到了为全民谋福上。原文中的“鬼”指的是投机取巧的狡诈者，比如我们形容一个狡猾的人常常会说某某人很鬼。“神”指的是聪明才智，比如我们形容一个很有能力的人，常常会说某某人很神。

所以，无论领导还是企业家，在管理当中一定要倡导淳厚朴实的价值取向，只有这样才能把“鬼”与“圣人”的聪明才智全部发挥成正能量，成为你驾驶这艘巨轮的巨大能量。

第六十一章　大企业和小企业之间的合作之道

大国者下流，天下之交，天下之牝。牝常以静胜牡，以静为下。故大国以下小国，则取小国；小国以下大国，则取大国。故或下以取，或下而取。大国不过欲兼畜人，小国不过欲入事人，夫两者各得其所欲，大者宜为下。

【注解】

大国者下流，天下之交，天下之牝。

下流：从上往下流动，比喻处在高位者谦虚低调的品性，易经谦卦中称作流谦。

牝：低洼的溪谷地势，引申为谦下柔顺的意思。

大国者要谦虚低调，就像天下江河所交汇聚集的地方都在天下最低洼的溪谷和大海一样。

牝常以静胜牡，以静为下。

牡：丘陵，引申为强硬高调。

柔静的品性常常胜过强硬的行为，想达到柔静的品性必须做到谦虚低调。

故大国以下小国，则取小国；小国以下大国，则取大国。

所以，大国谦虚低调则会获取小国的归附，小国谦虚低调则会获取大国的信任和保护。

故或下以取，或下而取。

谦虚低调能使处上者从处下者之处有所获取，处下者也能从处上者之处有所获得。

大国不过欲兼畜人，小国不过欲入事人，

兼：加倍。

大国只要不仗势纵欲、欺辱小国，就能加倍积蓄自己的外部力量和影响力；小国不以因依附大国，不以能增加大国外部力量和影响力相要挟而索要利益，就会得到长治久安。

夫两者各得其所欲，大者宜为下。

这样就会使两国都达成他们的目的，国家越大越应该谦虚低调以彰显自己的大国风范。

【体悟】

这一章讲的是合作之道。任何一家企业或任何一个社会团体，都离不开合作单位。企业越大，它背后的合作单位越多，企业的规模几乎等同于合作单位数量的规模。所以，能否把握好合作之道，也就决定了能否把企业做大做好。

规模越大的企业越要谦虚接地气，就像水一样，只有往下流到低洼之处，才能与其他的水流汇成大的水面。正如天下所有低洼的溪谷之处往往会草木繁盛，而高大坚硬的丘陵上却荒凉颓废少有生命。所以，谦卑柔静的生命力往往能胜过高大坚硬的事物，只有谦卑柔静才能孕育生命，只有像水一样做到至柔无争，才能自然而然地达到谦卑柔静。所以，规模越大的企业越要收敛傲气、越要谦虚接地气，这样才能吸引更多的企业进行深度合作，把财富的水面汇集得更广阔。如果凭借优势自恃无恐、态度强硬，最终会像高大丘陵上的场景一样荒凉颓废少有生命。

所以，双方合作无论是大的一方还是小的一方，只要各自谦卑柔静，就能把合作顺利地进行下去，达到优势互补、各得所求。只要大的一方不仗势欺人，就能借到对方的力，积蓄自己的外部力量，就像一家大企业，只要不仗势欺人，就能拥有众多优质供应商一样。而小的一方只要不以自己的优势去要挟大的一方，就会长久地生存下去，不然就会像某些昙花一现的小企业，凭借自己的特长对外漫天要价，最后却消失得无影无踪。

第六十二章　大人物应该做的那些事儿

道者万物之奥，善人之宝，不善人之所保。美言可以市，尊行可以加人。人之不善，何弃之有？故立天子，置三公，虽有拱璧以先驷马，不如坐进此道。古之所以贵此道者何？不曰以求得，有罪以免邪？故为天下贵。

【注解】

道者万物之奥，善人之宝，不善人之所保。

大道奥妙无穷，为万物提供庇荫和庇护。善于用大道修身者，以大道为宝，用大道的智慧建德治世；不善于修道建德者，在善道者的管理下可得到合宜的治理。

美言可以市，尊行可以加人。

市：交易。

巧言令色的语言只利于交易，交易完成后，人员众多的市场解散，各自回家。而尊贵的行为才会使越来越多的人归附于你，越久越牢固。所以，把精力用到尊贵的行动上，才能建德治世，不要用到巧言令色的小聪明上，从而失去凝聚力。

人之不善，何弃之有？

修道建德就是为了治理不善者而存在，为什么要因讨厌而放弃他们呢？

故立天子，置三公，虽有拱璧以先驷马，不如坐进此道。

拱璧：外围屏障，城墙。

驷马：四马拉一辆车，表示地位尊贵、显赫。

坐：坚守，引申为常驻不动，如坐庄。

所以，拥立有大德行的人为天子，安置德才兼备的人为官员，就是让他们彰显尊贵的德行，利益一方百姓。虽有坚固的城墙防范祸患入侵，但最大的祸患是因失德而失民心。虽然身份尊贵，出门就有豪华的车马侍奉，但最大的尊贵都是赢得民心的归附和尊崇。所以，国家要想达到长治久安，最关键的是坚守修道蓄德、聚拢民心，这样才能从根源上使国家稳定治理。

古之所以贵此道者何？不曰以求得，有罪以免邪？故为天下贵。

为什么自古以来要尊道贵德呢？不就是以大道的智慧求得正确的修身治世的方法吗？不就是拥有智慧得到真知灼见而避免过失吗？所以，大道永远受到天下人的尊崇。

【体悟】

这一章是朴实的大道对执政者的忠告，我们也可以理解为是社会上有一定地位的大人物都应该做的那些事儿。在这里，我再用通俗的语言解读一遍。

奥妙无穷的大道呀！它就像隐藏在土地下的树根，像产生并滋养了树干、枝叶和果实一样孕育滋养着万物。懂它的人以它为宝、尊崇它并且效仿它，不懂它的人也会像在大树下被树荫覆庇的花草一样受到大道的庇护。大道无言，只有行动，因为华丽的赞美言辞只适合交易，交易完成之后，大家就会形同陌路、各自回家，只有尊贵的行为才能赢得大家的尊重，才能得到大家对你长久的拥护。我效仿大道，注重尊贵行动的品行，也是为了赢得大家的尊重和拥护。而我的目的和大道一样，并不是为了自己的名利而去赢得大家的尊重和拥护，我是想拥有更大的影响力，引导民众走向正途。所以，贵为天子和大臣的人，赋予你荣耀和权力，就是让你拥有影响力，目的是让你使民众走向正途，而不是简单地区分君子和小人，从而善待君子、舍弃小人，这样的话属于严重的失职，因为你的职责就是用你的智慧改善民众的小人习气。如果舍弃他们你还有存在的意义吗？如果按照这样的理念来执政，你舍弃的小人就变成了敌人，内部的敌人往往比外部的敌人更隐蔽、更可怕，即使你修筑了坚固的万里长城也挡不住灭亡的脚步。所以，不要凭尊贵而耀武扬威，不要简单地把具有小人习气的人演变成敌人，你要用大道的朴实理念引导民风，用大道的智慧纠正民众的小人行径。自古以来大道的存在意义，不就是让你达到替民请命的夙愿吗？不就是让你避免行为的过失吗？只有这样，你的尊贵才能与大道同行。

第六十三章　成事的态度和逻辑

为无为，事无事，味无味。大小多少，报怨以德。图难于其易，为大于其细。天下难事必作于易，天下大事必作于细，是以圣人终不为大，故能成其大。夫轻诺必寡信，多易必多难。是以圣人犹难之，故终无难矣。

【注解】

为无为，

行为的标准以顺万物之性而为，不以自我为中心而为。

事无事，

处事以不破坏事物的自然规律为标准，不要自以为是，制造事端。

味无味。

生活要以清静寡欲的恬淡为味，不要在放纵胡乱的妄欲中寻求人生的滋味。

大小多少，

大事从小事上着手，纷杂繁多的事从少量、主要的事做起。

报怨以德。

顺大道直行就是德，不带个人情绪来处理抱怨就是“报怨以德”。

图难于其易，为大于其细。

谋划难事从它的易处着手，欲达到大的积累要从细小处做起，这是自然规律。

天下难事必作于易，天下大事必作于细，

所以，天下的难事必从易处着手，天下的大事必从细微处做起。

是以圣人终不为大，故能成其大。

明智的人始终不从大处着手，而从小处着手，小事持续积累到一定程度自然会演变成大事。所以，明智的人遵循客观规律，脚踏实地，往往能成就大事。

夫轻诺必寡信，

小事直接实现就可以了，许诺的必是大事。轻易许诺会缺乏小事积累的过程，而且事物是变化的，有些变化不是人为所能掌控的，所以很少得到落实。

多易必多难。

把什么事都看得简单容易，做事就缺少了从易到难的过程，缺乏客观过程的事情，必然处处遇到没有考虑到的困难。

是以圣人犹难之，故终无难矣。

犹：如同。

所以，明智的人把任何事都看作难事，会考虑到事物发展过程中的每个节点和应对方案。因此，始终没有能难得住他的事。

【体悟】

一个想成就一番事业的人，应该具备怎样的心态以及遵循什么样的做事逻辑呢？在本章中老子给出了具体的解决方案，让我们共同来学习一下。

如果一个人做事只是为了改善自己的生活，挣再多的钱也只属于养家糊口的范畴。他就像鱼缸中的鱼，即使长得再大也大不过鱼缸。世界的大小其实和我们无关，我们内心感受到的世界才是自己的世界。那么，这条鱼的世界就是围困着它的鱼缸，这条鱼最好不要长得太大，因为长得越大，它的生存空间越小，也就越烦恼。所以，如果做事只是为了改善自己的生活，就要安心工作、快乐生活，不要羡慕过多的财富，因为拥有过多的财富可能会减少你的快乐。如果做事的心态是为了给更多人创造福利，即使干得再小也是事业。他就像大海里的鱼，长大长小都随缘，但是他的世界很大，很自由很快乐，即使长得再大也有用不完的空间。这就是“为无为”，只有具备“为无为”的心态，才能达到“无不为”的境界。

蒸过馒头和包子的人都知道，在蒸之前一定要先把面发好，蒸的过程中要把握好火候，时间到了，它们自然就熟了。蒸的中间千万不要掀开锅盖去看，表面看你是在关心，实则是在搞破坏。这和交代其他人做事是一样的道理，只要你把事情的前后过程都考虑到，准备充分了，过程中给予他支持就行了。一定要给足他自我发挥的时间，在过程中尽量不要去干扰他，行不行，看结果。这就是“事无事”。第一个“事”是做事的意思，第二个“事”是干扰、没事找事。

很多人感觉干什么事都没意思，就像吃饭，吃什么也不香，没有味道，时间久了可能就会抑郁。这是什么原因造成的呢？你可以回忆一个场景，妈妈做了很多菜端上桌让家人品尝，家人的评价是她最关心的问题，她对于这一桌菜的味道感受并不来自于她自身的感受，而是来自家人的感受。这种无味之味的感受是具体吃菜的人感受不到的，恰恰是这种超脱自身感官尝到的味道，才是人生的真味道。所以，如果你感觉人生没意思，干什么都没劲，说明你是一个自私的人，是个没有情怀和大爱的人，只是个顾及自己感受的吃客。只有具备品味无味之味的境界，你的人生才会充满无限的激情，才会具有超脱自身得失的格局，才能释放你的潜能，才会拥有充实的、有意义的人生。这就是“味无味”的境界。

那么，具体做事时应该遵循什么逻辑呢？老子在本章告诉我们，一个人要想做成大事就要从力所能及的小事做起，不要生搬硬套别人的经验和过程。因为每个人的能力、人脉、基础、阅历等都不同，所处的社会发展阶段及政策也不同，所以成功的道路各不相同。只要你定好目标，从力所能及的小事开始做就可以了。这就是“大小多少”中的“大小”，也就是“求大从小”的意思。而对于头绪纷繁的事，要把它梳理成若干的主次阶梯，先从力所能及的主要事情做起，主要的结构建立起来后，再有计划地填充琐碎的内容。就好比建一栋大厦，即使它再烦琐、再复杂，也是先打基础，后建框架，再填充其他数不清的项目。这就是“大小多少”中的“多少”，“多”是繁多，“少”是精少，也就是“见繁多择精少”的意思。

在具体的做事过程中，除了计划好详细步骤之外，还要处理好人际关系。处理人际关系的重点是处理好和自己有积怨、有过节的人的关系。之所以有过节，原因无非两点：一是因为争名夺利，二是因缺乏沟通产生误会。所以，老子接下来告诉我们要“报怨以德”，就是说能不能处理好这个关系，在于你是否有“德”。“德”的含义就是具有大道思想的言行，大道的思想就是告诉我们不争的智慧和格局，道路的存在就是便于大家的通行和沟通。能否处理好报怨和过节，关键在于你是否具有大道的智慧和格局，是否把大道的思想转化成具体的言行落实到现实中。

通过以上的内容，老子做了一番总结。他说：“图难于其易，为大于其细。天下难事必作于易，天下大事必作于细。”意思就是，解决难事要先从力所能及的易处着手，想做成大事，先从少量的主要次序做起，天下的事都是按照这样的规则完成的。正因为有智慧的人明白这个道理，所以在做事情的时候始终从小处着手，不从大处着手，从而避免了在困难面前不知所措，避免了眼高手低的失败结局，最终成就一番大业。

接下来，老子又对我们给出了一番告诫：“轻诺必寡信，多易必多难。”意思是，在事情没有成功之前不要轻易去许诺别人、不要给别人画大饼，不然一旦没有成功，就会失信于人。因为即使你计划得再好、落实得再完美，也有你掌控之外的因素存在，谁也保证不了绝对的成功。做好自己的工作只能提高成功的概率，并不代表肯定能成功，不要把事情考虑得这么简单，应该认识到它的复杂性。这样的话，成功的概率就会大大提高，即使不成功，你也不会因失信而受到抱怨，这样就永远没有困扰你的难题了。

第六十四章　创业和守业的规则

其安易持，其未兆易谋；其脆易泮，其微易散。为之于未有，治之于未乱。合抱之木，生于毫末；九层之台，起于累土；千里之行，始于足下。为者败之，执者失之。是以圣人无为故无败，无执故无失。民之从事，常于几成而败之。慎终如始，则无败事。是以圣人欲不欲，不贵难得之货；学不学，复众人之所过。以辅万物之自然而不敢为。

【注解】

其安易持，其未兆易谋；

居安思危易于保持稳定的局面，事物在没有产生变化的征兆前易于实施谋划。

其脆易泮，其微易散。

泮：同“判”，分开、破裂，这里有破灭的意思。

事物没有韧性易于破裂，在微小阶段时易于散灭。

为之于未有，治之于未乱。

采取行动要在事物没有显现前实施，治理事物的重点是防患于未然。

合抱之木，生于毫末；九层之台，起于累土；千里之行，始于足下。

合抱粗的树木是从毫毛一样的嫩芽生成的，九层高的高台是从第一筐土开始连续堆积而成的，千里的行程是从第一步开始一步一步走到目的地的。这是事物成长变化的恒规。

为者败之，

不想经过积小成大的努力过程，妄想直接达到最终结果的想法必然会失败。

执者失之。

经过努力达成目标，固享结果不思上进，这种执着于享受功劳的想法必然会失去已有成果，因为事物是不断发展变化的。

是以圣人无为故无败，无执故无失。

明智的人顺应事物的发展规律行动，积小成大，所以没有失败。不执守安享已有的成果，把成果看作再成长的基础，则成果没有漏失。

民之从事，常于几成而败之。慎终如始，则无败事。

民众发展事业常在接近成功时失败，好比行百里者半九十，前九十里考验的是创业的激情，最后十里考验的是内心的强大。两者同等重要，慎重对待最终的考验，始终保持起始时的激情，则不会失败。

是以圣人欲不欲，不贵难得之货；

所以，明智者的欲望是经过努力，力争取得最理想的结果。如果对任何结果都不产生得失的欲望，那么行动就不会被结果的得失所干扰，思想也不会被它束缚，反而越容易成功。

学不学，复众人之所过。

不学习取得成功的技巧和捷径，而是学习观察众人因不按客观发展规律所犯的各种过失并引以为戒。

以辅万物之自然而不敢为。

做事只以辅助万物自然变化为目的，从而统揽全局的发展趋势并采取行动，不敢以自己的主观和自利为目的采取行动。

【体悟】

这一章是阐释创业和守业的规则。

有句谚语说："打江山容易，守江山难。"这句话很有道理，因为打江山的时候你在暗处目标在明处，在前期铺垫阶段完全可以进行伪装和隐藏，等积蓄到一定力量后择机而动，打他个措手不及，并且提前计划好各种预案用以应对目标的各种反击，从而可根据对方的各种应急反应牵制着他打，让他们在我们已经演习过的预案中打，所以打江山的主动权在我们手中。而守江山则正好相反，我明敌暗，甚至不知道对手是谁、不知道他的战术是什么、不知道他从哪儿下手，我们永远处在被动的局面。所以，居安必思危，思危才能居安。我们应该时常根据自己所处的发展阶段找弱点、找漏洞。即使没有任何征兆也要做预案，因为事物刚出现苗头的时候是最容易解决的，在对方没有形成气候的时候最容易采取措施，在对方没有祸乱到我们的时候，就应该把对方彻底消灭。

关于如何创业，老子用三个比喻来阐释创业的必然途径。双臂合围才能抱住的大树是从毫毛一样细小的嫩芽生长起来的，九层高的高台是一筐土一筐土累积起来的，达到千里之遥的目标是一步一步走到的。不经过积小成大、积少成多的过程而妄想一蹴而就，必然会失败。有了一些成就即固享成果，固有的成果也将会失去，因为逆水行舟，不进则退。所以，有智慧的人从来不去想一夜暴富和一夜成名的事，也不会有些成绩就沾沾自喜。人们做事往往是在接近成功的时候失败，因为他们认为已经尽了最大的努力却还是看不到胜利的曙光，最终因放弃而失败，这其实就是被自己急功近利的心态打败的。如果没有急功近利的心态，即使到最后阶段也还保持开始时的心态，全身心地投入到工作之中，就不会有失败的事出现了。

最后，老子对创业和守业的方法和必备心态做了归纳总结。他说："是以圣人欲不欲，不贵难得之货；学不学，复众人之所过。以辅万物之自然而不敢为。"有智慧的人在创业的时候不会让最终结果的得失心态干扰自己，他只管努力做事，压制得失心态对自己的干扰。比如，孩子在学习阶段，不要教育孩子成绩好会怎样、成绩不好会怎样，这样只会给他增加压力，对学习毫无帮助，还影响他考试时的临场发挥。正确的方法是引导他找到每个学科背后的学习规律，让他对找规律产生兴趣，从而在不断发现潜在规律的过程中拥有成就感。这样一来，孩子不但学习好、心态好，日后也会成为一个能够独立思考的人。达到这个效果的重要前提就是不要让成绩好坏和功利得失挂上钩，不要使孩子学习的欲望成为功利的欲望。这就是"欲不欲，不贵难得之货"。

守业的时候学什么呢？这个时候就不要只学习取得成功的技巧了，还要学习别人失败的经验。因为他已经拥有了一个正常运转的平台，只要不失败就可以继续发展壮大，这就是"学不学，复众人之所过"的含义。以上这些就是创业和守业的必然规律，不要自以为是地违反它，不然的话，创业和守业都会是失败的结局。

第六十五章　狡猾奸诈不如纯朴敦厚

古之善为道者，非以明民，将以愚之。民之难治，以其智多。

以智治国，国之贼；不以智治国，国之福。知此两者，亦稽式。常知稽式，是谓玄德。玄德深矣，远矣，与物反矣，乃至于大顺。

【注解】

古之善为道者，非以明民，将以愚之。

明：在此章中不解释为智慧，而是为智巧。

愚：在此章中与“明”相对，也就是与“智巧”相对，解释为淳朴。

将：带领、引领，如将军。

自古善于以大道治理天下的执政者不以智巧引导民风，而以淳朴引导民风。

民之难治，以其智多。以智治国，国之贼；不以智治国，国之福。

贼：危害、祸害。

民众之所以难以治理，是因为他们的智巧太多。如果推崇以智巧治理国家，民众的精力就会用在小聪明和心术上，从而使务实劳作者受骗受穷、聪明智巧者荣华富贵，最终导致劳者不劳、国库匮乏，国家和民众受到危害。而采用淳朴引导民风，竞相务实，则国库充盈、民众富足，这是国家的福运。

知此两者，亦稽式。

稽式：不变的法则。

知道了这两种不同的治国理念所产生的不同结果，也就知道了引导民风淳朴才是唯一能使国家繁荣安定的不变法则。

常知稽式，是谓玄德。

常以这个法则引导民众就符合了大道的德行，国家昌盛就有了坚固的根基。

玄德深矣，远矣，与物反矣，乃至于大顺。

大道的德行深奥而远大，与万物从天真淳朴发展到老练世故正相反，也正因此，才使天下万物永远保持了柔韧的生命力，使国家达到盛大安顺的治理。

【体悟】

《道德经》是一本正能量满满的书，但却有后人认为《道德经》的政治主张是愚民政策，原因就是老子说的这段话："非以明民，将以愚之。民之难治，以其智多。"依据后世对文字的理解，他们往往这样理解这段话：古代善于用大道治理天下的人，不要让民众明白太多的道理，而是使他们愚昧，不然的话他们的智慧太多，就不容易治理了。

事实上，这样解读是对老子的重大误解。为什么说这样释译是对老子的重大误解呢？关键是我们对"智"的理解和古人不同，古代对"智"的理解是机巧、智谋，而后世则理解为聪明和智慧。"智慧"一词是佛教传入我国之后的佛学用语，和"智"的本义有本质上的不同。这段话应该理解为：古代善于用大道治理天下的人不把民众往机巧智谋的方向引导，而是往淳朴务实的方向引导，民众之所以难治理，就是因为投机取巧的狡智太多了。所以，老子又说"以智治国，国之贼；不以智治国，国之福"，采用狡智的方法治理国家，就会上行下效，引导民风崇尚机巧、智谋，民众的精力就会用在耍小聪明和动心眼儿上，而采用淳朴务实的方法治理国家，民众也会上行下效，崇尚淳朴务实，民众的精力就用在了竞相务实的劳动上。因此，前一种是"国之贼"，后一种是"国之福"。

知道了这两种治国理念造成的不同后果，你肯定会采用淳朴务实的治国理念。按这个理念去施政，你的德行就等同于天德。天德既深又远，与我们从入世前的淳朴到入世后越来越世故的发展正相反，它让我们从圆滑世故退回到纯朴。这样的话，民众的生活就会简单而幸福，国家就会昌盛而稳固。

第六十六章　水低为海，人低为王

江海所以能为百谷王，以其善下之，故能为百谷王。是以圣人欲上民，必以言下之；欲先民，必以身后之。是以圣人处上而民不重，处前而民不害，是以天下乐推而不厌。以其不争，故天下莫能与之争。

【注解】

江海所以能为百谷王，以其善下之，故能为百谷王。

江海之所以能成为百川的统治者，凭借的是它善于处下的品性，地势低、容量大，所以才成为百川归流的处所，自然成了凝聚天下的统治者。

是以圣人欲上民，必以言下之；欲先民，必以身后之。

先：尊崇、尊贵。

所以，明智的人想成为民众的领导者，言论必须谦虚、姿态必须放低，这样才能充分释放民众的智慧和才能。想取得民众的尊崇，必须在利益面前首先考虑民众而不是自己。

是以圣人处上而民不重，处前而民不害，是以天下乐推而不厌。

所以，明智的人处在高层领导民众，民众没有被压迫的沉重感；处在前沿引导民众，民众只有安全感而感觉不到危害。所以，天下民众都乐于推崇这样的统治者而从不感到厌烦。

以其不争，故天下莫能与之争。

正因为统治者不与民众争夺利益的行为和谦卑容纳的品性，从而吸引到民众的归附和推崇，从而达到了无争可争的稳定地位。

【体悟】

这一章告诉我们“水低为海，人低为王”的道理。

天下所有的江河溪流之所以自愿流入大海，原因就是大海姿态最低、胸怀最广，所以它成了百川之王。一个有抱负的人，如果想担负起为民众谋福的大任，就要效仿大海的姿态和胸怀。首先，言谈举止要谦虚低调，才能获得大家对你的尊重。其次，在功利面前要先人后己，大家才会甘于受你领导。当你处在领导的职位上，大家不会感到你盛气凌人，也自然没有被压迫的感觉，你领导大家完成任务，大家也不会认为你想达到私利，自然就会团结奋斗。所以，大家非常拥护你的领导，非常乐于你的领导，绝对不会产生厌恶你的想法。正是因为你全心全意为了大家且从不和大家争名夺利，所以你的领导地位才会长久稳固，自然而然就达到了无争可争的境界。

第六十七章　世人必须牢记的三句金玉良言

天下皆谓我道大，似不肖。夫唯大，故似不肖。若肖，久矣其细！夫我有三宝，持而保之。一曰慈，二曰俭，三曰不敢为天下先。慈，故能勇；俭，故能广；不敢为天下先，故能成器长。今舍慈且勇，舍俭且广，舍后且先，死矣！夫慈，以战则胜，以守则固。天将救之，以慈卫之。

【注解】

天下皆谓我道大，似不肖。夫唯大，故似不肖。若肖，久矣其细！

肖：具体形象。

细：小。

天下都知道大道的博大精深却又苦于没有具体形象可以效仿，正因为它太博大，所以没有完备、具体的形象供我们形容和认识。因为凡是有具体形状的事物，即使形状再大，也会随着时间的消逝而减损变小，以至于消亡。

夫我有三宝，持而保之。一曰慈，二曰俭，三曰不敢为天下先。

慈：慈爱、大爱、悲悯。

俭：约束放纵，如俭点。

先：尊崇。

那么，我们应该如何与无形的大道保持同行，如何运用这个无形的大道呢？有具体的三宝可以持久地保持和运用它：一是心怀大爱，慈悲万物；二是约束自己的妄欲；三是利益万物却不与万物争尊贵。

慈，故能勇；

心怀大爱就达到了无我的境界，所以能勇者无惧。

俭，故能广；

约束妄欲就不会被妄欲所束缚，就达到了笃静守虚，广大智慧。

不敢为天下先，故能成器长。

器：才能。

长：增长。

无荣誉累身而一身轻松，避免了世俗的干扰，减少了自满自骄的外部因素，所以才能专注于自己的内心，维持自己才能的不断增长。

今舍慈且勇，舍俭且广，舍后且先，死矣！

如今放弃大爱，只倡导勇敢；放弃修身，只倡导智谋；放弃无私和谦虚的品性，只倡导争先恐后的追逐名利。这些都是舍本逐末的行为，离灭亡已经不远了。

夫慈，以战则胜，以守则固。天将救之，以慈卫之。

将士心怀大爱达到无我的境界，用于作战则会胜利，用于守护边疆则会牢固，这才是大道的实际运用。所以，上天将要帮助其的具体做法，就是使其具备大爱的品性，大爱的品性能具实地护卫他。

【体悟】

这一章告诉我们三点具体内容，做到这三点就能守持住无相无状的大道。

老子告诉我们，只有无相无状的事物才能永久地存在并且永久的发挥能量。就好比固定的财产即使你再省着花也会逐渐减少最终消失殆尽一样，大道如果有具体的相状也会消亡，正因为无相无状，它才能永久的存在，并发挥着能量。就好比无相无状的智慧和素养会永久地陪伴你，并且持续地变化成能力一样，这就是“天下皆谓我道大，似不肖。夫唯大，故似不肖。若肖，久矣其细”的意思。那么，对于博大精深又无具体相状可言的大道，如何用最简单的方法效仿它、运用它呢？老子告诉我们三句简单明了的金玉良言，只要按这三句话认真实施，就可以持久地效仿、运用大道了。“夫我有三宝，持而保之。一曰慈，二曰俭，三曰不敢为天下先”，第一就是心怀大爱，悲慈万物；第二就是约束自己的妄欲；第三就是利益万物却不与万物争富贵。那么，做到这三点，会使我们产生怎样的改变呢？

一、慈，故能勇

只有具备无私忘我的家国情怀才能心怀大爱，只有心怀大爱行动才会无所畏惧。所以，以身作则的将军主要任务就是培养士兵的家国情怀，企业领导的主要工作之一就是让员工在企业中感受到家的温暖，以企业为家。这样的军队和企业才会有超强的战斗力。

二、俭，故能广

常常检点自己的言行，约束自己的妄欲，跳出妄欲对自己的束缚，你的行为就不会受到妄欲的牵制，思考问题就不会受到妄欲的干扰，从而思路变得透彻清晰。这样的话，你的能力和智慧就会逐渐变得广大而宽阔。那么，你才能成为一名优秀的舵手，才能驾驶你的大船平稳快速地行驶在正确的航线上。

三、不敢为天下先，故能成器长

在富贵面前先人后己，你的胸怀才更会让大家认可，你的领导能力才会更强；在荣誉面前先人后己，才不会为争得荣誉而身心疲惫。这样，你才会一身轻松地发展你的能力和器量，成为社会的栋梁。

所以，具备了“慈”“俭”“不敢为天下先”的品性，就拥有了“勇”“广”“成器长”的能量。而“今舍慈且勇”的意思就是不倡导大爱，只一味地引导大家勇敢，最后只会引导出一批勇猛的豺狼，豺狼虽然很会捕猎，但在它的眼中，包括你在内的大家都是它的猎物。“舍俭且广”指不倡导克己修身，只一味地引导大家增长他们的智谋和能力，最后就会引导出一批布局高手，只不过包括你在内的大家都成了他们手中的棋子。不倡导在富贵名利面前先人后己，只引导大家为了功名富贵努力奋斗，最后就会使大家为了功名富贵不择手段，天下也就成了一个不务实的名利争夺场。这些顾头不顾尾的短视行为其实就是在饮鸩止渴，结果就是时间一到就会毒发身亡。所以，老子总结这些行为时用了“死矣”两个字。

最后，老子又重点强调了第一宝——“慈”的重要性。“夫慈，以战则胜，以守则固。天将救之，以慈卫之。”“慈”作为三宝之首，同时是“俭”和“不敢为天下先”这两宝的基础。没有大爱作为基础，另外两宝也就不复存在。而大爱也是国家繁荣稳定的基础，大爱产生的大无畏精神，用于征战就会无往不胜，用于守卫边疆就会固若金汤。如果上天想救助一个受到灾难的国家或企业，并不会派遣什么天兵天将来帮助他，而是培育他们自己的家国情怀和家企情怀，得到救护的原因其实就是大爱的品性。

第六十八章　自古以来管理天下万物的终极道理

善为士者不武，善战者不怒，善胜敌者不与，善用人者为之下。是谓不争之德，是谓用人之力，是谓配天古之极。

【注解】

善为士者不武，善战者不怒，

善于谋略的人不把武力放在首位，善于征战的人从不会让个人情绪干扰自己的理智。

善胜敌者不与，善用人者为之下。

善于克敌制胜的人常能不战而屈人之兵，善于利用别人才能的人品性肯定是谦虚而低调的。

是谓不争之德，是谓用人之力，是谓配天古之极。

这是大道“不争”的智慧产生的高超德行，这是大道用“谦下”的智慧得到了众人的力量，这就是匹配天道，是自古以来管理天下万物的终极道理。

【体悟】

“善为士者不武，善战者不怒，善胜敌者不与”，意思是想达到不动用武力，甚至不与对方交手就能获得胜利就要善于谋略，头脑要保持冷静，不要让不良情绪干扰你的理智；想不通过实际争斗就能获得争斗的胜利，也就是无争之争的境界，就要具备大道智慧的行动。所以，后一段中老子说“是谓不争之德”，要达到天道不争而取胜的能力，就要做到“不争而善胜”和“繟然而善谋”的境界，这两句在第七十三章会有详细注解，其深刻含义可以举例子来说明。比如，拳王泰森和你打架，他根本不用使用技巧，一拳就能打倒你，而作为你来说也不敢和他对打，那么泰森就做到了“不争而善胜”的无争之争。因为，实力相当的双方才存在竞争，实力悬殊的双方根本就不存在竞争。而对于实力相当的对手，就要用“缂然而善谋”的方案，就是说在实力相当的情况下，就看谁的谋略高、谁的招数奇，谁就能取得最后的胜利。

以上内容是讲如何“争”的规则，接下来老子又用两句话阐释了如何“合”的规则，即“善用人者为之下”，以及后一段中的“是谓用人之力”。你和别人合作的前提是别人有你不具备的长处，无论是双方合作还是你聘请员工，都是想用他们的长处补齐你的短处。如果你整天摆出高高在上的姿态，拿出什么都比别人懂得多的态度，对别人指手画脚，这样做其实是自相矛盾的愚昧行为，因为如果你什么都懂、什么都能自己完成，又何必和别人合作，何必聘请别人呢？所以，既然你和别人合作是为了借别人的力以补齐自己的短板，那就应该像大海一样，用谦虚的低姿态引百川自归，积蓄你的力量，成就一番事业。

以上是“争”与“合”的恒定规则，是自古以来“争”与“合”的终极道理。所以，老子在本章的最后说道：“是谓配天古之极。”“配”，匹配的意思，这句话是说这两点恒规是匹配天道的法则，是自古以来不变的终极道理。

第六十九章　双方在博弈中，如何制定战略战术

用兵有言：吾不敢为主而为客，不敢进寸而退尺。是谓行无行，攘无臂，执无兵，乃无敌。祸莫大于轻敌，轻敌几丧吾宝。故抗兵

相加，哀者胜矣。

【注解】

用兵有言：吾不敢为主而为客，不敢进寸而退尺。

在军事行动上直言相告，千万不可主动进攻暴露我方的战略计划，等到对方主动出击后，分析清楚他的战略战术，再制订好相应的胜敌方案，万万不可贸然进攻一寸土地，宁可暂时后退，也要看清他的战略意图。这看似被动，实则是在积极主动地达到知己知彼的战略目的。

是谓行无行，攘无臂，

行：行阵、战术。

攘：拉、捋。

行动上变化莫测，不采用固定常规的战术，细致分析有形和无形的所有因素，制订方案，出奇制胜。不顺着对方的战略思路走，也不给对方牵着走的机会。

执无兵，乃无敌。

兵：兵器。

教导将士心怀大爱的思想觉悟，达到无我的境界，使将士手中执握的武器不作为凶器，而是捍卫正义大爱的利器，这样的正义之师必会无敌于天下。

祸莫大于轻敌，轻敌几丧吾宝。

吾宝：以天下苍生为宝。

军事行动中最大的灾难莫过于傲慢自大、轻视敌方。轻敌的危害几乎等同于断送仁义之师的所有生命。

故抗兵相加，哀者胜矣。

抗：对抗。

加：“力”用力，“口”呐喊，合指用呐喊声来助力。

哀：受欺辱后的悲愤。

所以，军事行动中实力相当的两军对抗，心怀悲愤的一方会获胜。

【体悟】

在博弈中，如果实力相当，双方在对抗中应该如何制定战略战术呢？

老子认为，无论我方的真实战略意图是攻击还是防御，都要顺应民心，维护正义，这是大原则。因为无论任何国家、任何民族的人民，无论有什么政治信仰、宗教信仰，都是偏向于正义一方的，都是崇尚和平的。所以，一定要先造好势、做好宣传，占领道德的制高点。老子开篇先讲“用兵有言，吾不敢为主而为客，不敢进寸而退尺”，意思就是永远不要背上主动挑起战争的名声，而要站稳被动反击、争取正义的名声，所以宁可被动退一尺，也不主动攻取一寸。这样做有两层含义：一是把我方因防御而采取正义反击的名声做实；二是根据对方暴露的手段分析他的战略战术，制订相应的反击方案。有了以上的铺垫，就可以实施行动了。

那么，具体战术是什么呢？要遵循“行无行，攘无臂，执无兵，乃无敌”的规则，我方真实的战术步骤一定要隐蔽，凡是暴露的行动以及故意让对方推算出来的行动都是用以迷惑他们的手段，让他们对我们的战术永远存在误判，这就是“行无行”。凡是对方暴露出来的行动都要仔细地分析和研判，辨别真伪，不能顺着他的战略思路走，不然就会被对方牵着鼻子打。这就是“攘无臂”。“攘”就是拉和捋的意思，也就是不能让他拉住我们的胳膊，牵制着我们打。最后一条就是让我方的每个人都心存大爱，因为只有大爱才会大无畏，才会勇敢杀敌和勇于牺牲。这就是“执无兵”。“兵”是兵器，也就是手中握的宝剑是正义之剑，而不是邪恶的杀人武器。做到以上三点，就做到了“乃无敌”，也就是无敌于天下的境界。

在与对方的较量中一定不要轻视对方，在与别人的交往中一定不要轻易树敌。轻视和树敌是产生灾难的最大原因。轻敌是因为自骄自傲，结果必然是骄兵必败，轻易树敌更是愚昧的行为。比如，社会上很多人因为很小的事产生了敌对情绪，以致演变成了追悔莫及的血案。凡是这样轻易树敌的人，最容易被心怀叵测的人玩弄，还会认敌为友，一生也不知道真正的敌人是谁。无论轻视敌人还是轻易树敌，伤害的都是自己。所以，老子说“祸莫大于轻敌，轻敌几丧吾宝”。“吾宝”就是生命，因为人没了还说什么“宝”，所以生命才是最宝贵的。

综上所述，在和实力相当的对手交往中，不要轻易树敌，一旦发生不可避免的斗争，一定要占住道德的制高点，谨慎地制定好战略战术，使我方的每个人都心怀正义，同仇敌忾，从而取得胜利。这就是“抗兵相加，哀者胜矣”，也就是两军对抗，哀兵必胜。

第七十章　为什么真理掌握在少数人手中

吾言甚易知，甚易行。天下莫能知，莫能行。言有宗，事有君。夫唯无知，是以不我知。知我者希，则我者贵。是以圣人被褐怀玉。

【注解】

吾言甚易知，甚易行。天下莫能知，莫能行。

我说的道理非常容易明白也非常容易践行，天下人之所以不明白是因为他们的内心太浮躁，之所以难以践行是妄欲太多被妄欲所束缚造成的。

言有宗，事有君。

有：显现。

君：统治、管理。

我言论的大道是在显现万物奥妙的根源，从事的是用大道的规律法则管理天下万物。

夫唯无知，是以不我知。知我者希，则我者贵。

则：效法。

天下之所以有人不明事理，是因为没有明白我所说的大道，知道大道妙理的人很少，而能效法大道修身处世者必会受到天下人的尊崇。

是以圣人被褐怀玉。

被：棉被。

褐：粗布。

怀：藏着。

所以，明智者的言论就像在外表柔软朴实且实用的粗布棉被当中藏着金玉般珍贵的道理一样。

【体悟】

我们把这一章用通俗的语言解读一下，感受一下老子对于大道难以普及的感叹。

我阐释的道理非常容易明白，也非常容易实施。很多人之所以不明白我说的道理，是因为他们的内心太浮躁了，静不下心去思悟。而能够明白我说的道理的人，大部分又做不到，原因就是他们贪图妄欲的刺激，摆脱不掉妄欲对他们的束缚。他们之所以会这样，是因为他们没有把我说的道理悟透，我讲的大道阐释的是万物变化的根源，是让民众效仿这个变化的根源用于修身治世。而很多人把我说的道理当作了知识，只想着如何利用它为自己谋福。所以，虽然我所说的道理很容易明白，也很容易做到，但现实中真正明白这个道理的人很少，做到的人更少之又少。而正是这些少之又少的人，才是社会弥足珍贵的栋梁。我所阐释的大道真理外表朴实无华，简单到让你感到可笑，但只有通过深入的参悟才能明白其中的精华，就像在一个朴实而实用的粗布棉被之中藏着的一块晶莹剔透的美玉一样。

由此可见，真理永远掌握在少数人手中。如果人人都能轻松读懂《道德经》，那它就不会是影响中华民族几千年的经典著作了。它之所以这么深奥难懂，就在于它的字字句句都闪耀着真理的光辉。我之所以著作本书，目的就是普及真理，让更多人能够更好地参悟《道德经》的真谛。这或许只是一种美好的愿望，毕竟一切都要看个人的慧根和悟性。

第七十一章　你的认知思维决定你未来的格局

知，不知，尚矣；不知，知，病矣。夫唯病病，是以不病。圣人不病，以其病病，是以不病。

【注解】

知，不知，尚矣；不知，知，病矣。夫唯病病，是以不病。

知：明白。

病：缺点、危害。

尚：尊崇。

明白任何事物都具有阴阳相对的两面性以及不断变化的规律性，就知道自己对事物的认知都有偏颇的一面和时过境迁的一面，这样的认知是值得尊崇的。不懂这个道理，自负于自己的认知，这样的品性是存在弊端的。认识到这个弊端是一个大毛病，就不会受到它的危害了。

圣人不病，以其病病，是以不病。

明智的人品性上没有弊端，就是因为认识到了这个弊端的缺点和危害，所以才不会犯自负、无知的毛病。

【体悟】

孔子说过："知之为知之，不知为不知，是知也。"这句话的意思是，知道就是知道，不知道就是不知道，这才是真正的智慧。而老子对于知与不知的问题是如何看待的呢？

老子认为，知道了一切人和事物是持续变化的这个道理，知道了一切人和事物永远存在着正反两面的性质，就不会再执着于自己对一切人和事物以及道理的以往认知，而只注重当下的合宜性，这样的认知才是正确的。不知道这个道理，只停留在以往的认知上，按照以前对于人、事、道理的认知来作为处理事务的依据，是不切实际的生搬硬抄，愚昧至极。这样执着于自己的过往认知是一个大毛病，而只有认清了它是一个大毛病，才不会被它所支配。明智的人之所以没有毛病，就是因为认清了执着于自己过往认知是个大毛病，所以在处世上才没有毛病。

通过孔子和老子对于认知问题的不同态度，我们发现孔子就像当代一个有激情的青年，而老子则更像一位智慧的长者。我们的认知思维如果能够得到提升，那么人生格局必将进一步扩大。

第七十二章　不要自见自贵，而要自知自爱

民不畏威，大威至矣。无狭其所居，无厌其所生。夫唯不厌，是以不厌。是以圣人自知不自见，自爱不自贵。故去彼取此。

【注解】

民不畏威，大威至矣。

因为民众不再畏惧执政者的权威，国家混乱的巨大威胁就已经到来了。

无狭其所居，无厌其所生。夫唯不厌，是以不厌。

狭：狭小。

厌：满足，如贪得无厌；厌烦，如讨厌。

民众连狭小的居所都没有，他们的基本生活不能得到保障，所以才产生了不满情绪。对生存的绝望和无奈，使他们不再信任和畏惧执政者的权威。

是以圣人自知不自见，

自知：自己明白。这里指执政者要牢记利益民众的使命和以民为主的公仆身份。

自见：突出自己的存在，就是眼里只有自己的利益。

所以，明智的执政者应牢记自己的责任和使命，而不是心里只想着荣华富贵。

自爱不自贵。

自己的内心要时刻想着慈爱民众，而不要自以为贵，践踏民众。

故去彼取此。

所以，去掉“自见”“自贵”，选取“自知”“自爱”，就会避免国家产生混乱的局面。

【体悟】

这一章是老子对执政者的诫勉和忠告，我们通俗译一遍。

当民众不再畏惧执政者权威的时候，执政者畏惧的事情就要来临了。民众之所以不再畏惧权威，是因为他们居无定所，就连一间属于自己的狭小房屋都没有，基本生活都得不到满足，由此才产生了不满情绪。他们对生存产生的厌恶，主要来自对执政者执政的厌恶。既然已经生无可恋，当然也就无所畏惧了。执政者如果不想看到官逼民反的事情发生，就要牢记自己的责任和使命，不要只想着荣华富贵、贪欲享乐，而要时刻慈爱自己的民众，设身处地为他们谋福，不要轻贱民众。只有做到这些，你畏惧的事情才不会发生。

第七十三章　天道的智慧

——如何做到“天网恢恢，疏而不失”

勇于敢则杀，勇于不敢则活。此两者，或利或害，天之所恶，孰知其故？是以圣人犹难之。天之道，不争而善胜，不言而善应，不召而自来，繟然而善谋。天网恢恢，疏而不失。

【注解】

勇于敢则杀，勇于不敢则活。

勇：有胆量。

敢：鞭策、前进。

杀：消减，如杀价。

活：有生命力、能生长。

把胆量用在害怕个人得失上而争先恐后、奋不顾身，自身反而会受到消减。把胆量用在不怕个人得失而甘守谦让柔和、勇于奉献，自身反而会得到成长和收获。

此两者，或利或害，天之所恶，孰知其故？

这两者同样具备胆量，一个用在了个人的得失上，这就是人道的格局；另一个用在了天下的得失上，这就是天道的格局。天之所以厌恶人道，谁知道它的原因呢？如果人人都奋不顾身争取个人得失，天下还能清静吗？因为，“天无以清将恐裂”。

是以圣人犹难之。

所以，明智的人把这个问题看得非常重大和艰巨。

天之道，不争而善胜，

天道的具体内容是：利益万物、无欲无争、守静生慧，经得起诱惑，达到了无争可争的胜利。

不言而善应，

无言的运作、日月的起息、合理的安排气候变化，万物以积极的生长和变化作为有力的回应。

不召而自来，

谦虚包容，百川自来，归流入海。

绛然而善谋。

绛：绛丝。突经显纬的丝织品，有浮雕的效果。

思路清晰分明，谋略缜密，诸事可成。

天网恢恢，疏而不失。

恢恢：宽阔广大的样子。

天道就像一面纵横交错且宽阔广大的渔网，虽然网眼稀疏似有似无，却能网罗天下所有的功过，并给予最公正的结果。

【体悟】

这一章是讲天道的智慧。在讲天道的智慧之前，老子先讲了两个我们经常见到的现象，一个是“勇于敢则杀”。“勇”就是有胆量，“敢”就是鞭策着前进，“杀”就是消减。这句话的意思就是，把胆量用在个人利益的得失上而奋不顾身、争先恐后，自己反而会受到损害。也就是说，这是一个极度自私而且敢想敢干的人。不难想象这样的人无论是什么身份还是从事什么职业，都会是大家避而远之的人，甚至会成为作奸犯科的人，他越是勇敢，最终越会伤人害己。另一个是“勇于不敢则活”。“活”指的是具有生命力，能够持续增长。意思就是，把胆量用在不怕个人利益的得失上，自己反而会拥有持续增长的生命力。也就是说，他是一个大公无私的人，这样的人无论什么身份和职业，大家都愿意和他交往，他的发展空间将不可估量。两者都是有胆量的人，结果却有天壤之别。接着老子又说，“此两者，或利或害，天之所恶，孰知其故？是以圣人犹难之”，意思是这两种利害不同的结果是上天厌恶自私的原因造成的吗？所以有智慧的人非常重视这个问题。那么，上天究竟有什么智慧和能力成就了人们对它的尊重呢？

一、天之道，不争而善胜

上天从不和一切事物去争任何东西，却能从一切事物中胜出。无论是个人与个人之间，还是团队与团队之间，只有在双方实力相当的情况下才会出现竞争，不是一个等量级的则不会存在竞争。所以，实力强的对于实力弱的就构成了无争之争，这个实力不单单是能力，还有智慧和格局。

二、不言而善应

上天没有语言，只有行动，它恒常的运作着日月的起息，万物在它安排的四季中，以“春发夏长，秋收冬藏”的自然反应对上天报以积极的回应。我们发现，在很多场合中最有实力的人发言反而很少，但是只要他发言，争论不休的双方就会马上安静下来。因为他考虑问题很全面、很透彻，就像上天运作四季的变化一样，既有连贯的条理性又能在不同阶段发挥每个人的特长，他毫无遗漏地考虑到每个人和每一步，大家肯定会对他的安排报以肯定的回应。

三、不召而自来

上天没有招引任何一物来它的管理区域，但是万物都积极地来到天下让它来管理。因为上天营造了适合万物生长的环境和空间。比如，企业要招聘人才，肯定要公告招聘的条件以及薪资报酬，除此之外，还要把试用期满转正后的工作环境以及发展前景和职责的相应权利详细公布出来，这样才会更有吸引力。作为领导，则要像纳百川的大海一样，用你广阔的胸怀和低姿态来吸引人才、利用人才、保住人才。

四、绛然而善谋

“绛”就是绛丝工艺，是纺织品的一种，它具有突经显纬的浮雕效果。上天以日为经，以月为纬，循环不息地把大地上的万物编织成一幅美丽的画卷。它计划周全，谋略缜密地把万物的成长安排得井井有条，无有漏失。作为一个合格的领导者，就是能把团队中每个人的特长和优缺点都考虑到，并进行合理的利用和规避，再把团队和财、物匹配在一起，使你手中的人、财、物像三根线一样，编织成一条结实的绳，再用这条绳牢牢地捆绑住你的目标。

五、天网恢恢，疏而不失

上天就像一个网眼稀疏的无形大网，它能网罗到世间的一切功与过，并给予相应奖惩，且从来没有疏漏。作为领导，该奖的不奖，就会造成正能量的消亡，影响大家的积极性；该罚的不罚，则是在助长不良风气，滋生邪恶力量。对老员工的贡献熟视无睹，对外来者的贡献言过其实地进行褒奖，原因是领导渴望得到更多的外部力量，被膨胀的增长欲蒙蔽了公正的双眼。对你无私奉献的父母家人熟视无睹，却对给你一次帮助的外人感恩备至，这就像鱼无视水对它的帮助一样愚昧而短见。这些违背天道的行为，必会受到天道的审判。

第七十四章　不要把大众逼到绝路，否则就会吃不了兜着走

民不畏死，奈何以死惧之？若使民常畏死，而为奇者，吾将得而杀之，孰敢？常有司杀者。夫代司杀者杀，是谓代大匠斫。夫代大匠斫者，希有不伤其手矣。

【注解】

民不畏死，奈何以死惧之？

民众已经生活得生不如死而不再畏惧死亡，为什么还要用死亡来威胁他们呢？

若使民常畏死，而为奇者，吾将得而杀之，孰敢？

杀：此章中与“生”相对应，释作死亡。

为达到自己的妄欲而奴役民众，用死亡来威胁他们就范，做出一些怪异离奇的事，大道必会使它灭亡。谁敢这样做，就是在自取灭亡。

常有司杀者。夫代司杀者杀，是谓代大匠斫。

司：主管、操作。

匠：伐木工。

斫：砍削树木。

心怀大道、有大德修为的人就是主管灭亡失道者的人，修为不够的人只能协助他，不能代替他行使使命，不然的话就像代替专业伐木的工人去砍伐大树。

夫代大匠斫者，希有不伤其手矣。

不懂伐木之道的人代替伐木工人去砍伐大树，结果只会徒劳无益，伤害自己。

【体悟】

这一章是告诉民众面对昏庸腐败的执政者应该如何反抗。我们通俗地译一遍。

民众已经被逼得生无可恋，对死亡无所畏惧，真不知道昏庸的执政者为何还继续用死亡来威胁他们。如果执政者为了自己的富贵长期用死亡来威逼民众就范，并常常做出一些怪异的举动来劳役民众，那么这些违背大道的执政者必然会被大道所灭。只要他敢这样做，就会有具备大道智慧和品行的人来消灭他。而民众不要越俎代庖，只需要配合，不然的话就像代替懂得伐木之道的伐木工人砍伐大树，结果只会白白地伤害自己。

第七十五章 约束自身妄欲私利，给别人和自己一条活路

民之饥，以其上食税之多，是以饥。民之难治，以其上之有为，是以难治。民之轻死，以其求生之厚，是以轻死。夫唯无以生为者，是贤于贵生。

【注解】

民之饥，以其上食税之多，是以饥。

民众的饥荒都是因为上缴的税赋太重，这是执政者只考虑自己的利益导致的。

民之难治，以其上之有为，是以难治。

民众之所以难以治理，都是因为执政者心里没有民众，只有自己的荣华富贵。

民之轻死，以其求生之厚，是以轻死。

民众轻易地死亡，都是因为自身追求享乐，嗜欲过深导致的。

夫唯无以生为者，是贤于贵生。

所以，无论国家的政治生命还是平民的个人生命，恬静无妄欲要比自利纵欲有益得多。

【体悟】

这一章讲导致民众贫穷和难以治理以及过早死亡的主要原因。我们通俗地解读一遍。

民众贫穷的主要原因是执政者税负过重，过重的税负就像猛虎一样吞噬了民众的财富；民众难以治理是由于他们的正常诉求得不到满足，而执政者只站在自己的利益面造成的；平民之所以过早死亡，是自身贪图享乐，嗌欲过深造成的。

所以，无论是执政者的政治生命还是平民的个人生命，只有约束自身妄欲的发生，才能有益于政治生命和个人生命。

第七十六章　柔弱胜刚强的辩证哲学

人之生也柔弱，其死也坚强；万物草木其生也柔脆，其死也枯槁。故坚强者死之徒，柔弱者生之徒。是以兵强则不胜，木强则烘。强大处下，柔弱处上。

【注解】

人之生也柔弱，其死也坚强；

人出生的时候身体是柔弱的，死亡的时候身体是僵硬的。

万物草木其生也柔脆，其死也枯槁。

万物之中的草木，活着的时候有两种状态，柔韧的不容易折断，硬的、发脆的容易折断，而死亡的时候它们都是干枯硬脆的状态。

故坚强者死之徒，柔弱者生之徒。

所以，无论活着的还是死去的，强硬都是容易灭亡和已经灭亡的状态，而有生命力的全是柔韧的状态。

是以兵强则不胜，木强则烘。

烘：有用火取暖和变干，以及制成物件烘托其他物品的含义。

所以，强悍的军队不会得胜，因为越强横越生傲慢，骄兵必败，越强暴越生反抗，失民心者必败，树木粗壮易招砍伐或自己变干枯而死亡。

强大处下，柔弱处上。

所以，强硬的都处在下层，柔弱的都处在上层，就像一棵大树，强硬粗壮的树干处下，柔弱的枝条处上。

【体悟】

这一章是讲有生命力的特征是柔弱、有韧性，死亡的特征则是强硬。我们通俗地译一遍。

人刚生下来的状态是柔弱的，死亡时的状态是僵硬的，从生到死的过程就是从柔逐渐变硬的过程。其他有生命的万物莫不如此，比如草木所具有的两种状态，有生命的状态都是柔韧的状态，没有生命的状态都是干硬枯槁的状态。所以，强硬的状态对应着死亡，柔韧的状态对应着生命力。这就是强横傲慢的军队必然失败，高大粗壮的树木容易折断或自己变干枯的原因。强硬和柔弱的关系就像树干和枝梢的关系，强大坚硬的树干永远处于下层，柔弱的枝梢永远处于上层。

第七十七章　天道与人道的区别

天之道，其犹张弓乎？高者抑之，下者举之；有馀者损之，不足者补之。天之道，损有馀而补不足。人之道则不然，损不足以奉有馀。孰能有馀以奉天下？唯有道者。是以圣人为而不恃，功成而不处，其不欲见贤。

【注解】

天之道，其犹张弓乎？高者抑之，下者举之；有馀者损之，不足者补之。天之道，损有馀而补不足。

天道的规则不就像正在调整一张瞄准目标的弓吗？举得高了压低它，举得低了抬高它，拉得太满了减损它，拉得不足了增益它。天道就是减损万物的偏差和有余，增益万物的正确和不足。

人之道则不然，损不足以奉有馀。

人道则正相反，减损不足的以奉养有余的，其结果就是不足的更不足，有余的更有余，有余到极限而弓折伤己。

孰能有馀以奉天下？唯有道者。

谁能把自己多余的奉养给天下不足者呢？只有心怀大道与天道的同行者。

是以圣人为而不恃，功成而不处，其不欲见贤。

所以，明智的人效法天道，大公无私、勇于奉献、施为万物而不期望回报和奉养，顺万物之性而辅以调配，慎终如始而至成功，功成却不据为己有。正因为无私无我的境界，才达到了天道的格局和能力，而追求自我的贤名与天道相违背，所以明智的人不追求贤能的名声。

【体悟】

这一章是讲天道的规则，以及掌握天道规则的人是怎样的品性。

在我们的想象中，具有天道品性的人都是神秘而具有超能力的，他们能洞悉事物的发展变化，能预测未来的发展方向，是像诸葛亮、袁天罡、李淳风、刘伯温等一样仙风道骨的人。那么，究竟天道的规则是什么？掌握天道规则的人又拥有怎样的品性呢？

老子先把天道的规则做了一个比喻。他说，天道的规则就像调整一张拉开的弓，举得偏高了就压低些，抬得偏低了就举高些，拉得太满了就放松些，拉得太松了就加些力气让它绷紧些。天道的规则就是减损它的多余，增益它的不足，把弓的能量发挥得恰到好处，使搭在这张弓上的箭能飞行在直达目标的正确航线上。那么，根据老子描述的天道规则，掌握天道的人首先要明白人生的正确方向，树立正确的人生观，并引导大家走向正途。其次要减有余、补不足，调整贫富差距和思想悬殊以达到均衡发展。这就是我国政府的执政方向，是顺应天道的国计国策，是天下最大的正能量。作为历史的见证者和受益者的我们，更要积极响应和参与其中，力所能及地做出应有贡献，这样人生才更有意义，才会与天道同行并受到天道的庇护。千万不要一味地只想着自己的利益，为拥有更多的福利而不择手段，或者强迫自己做一些力所不及的事，这样将会导致弓满弦断的后果，这都是违反天道、咎由自取的逆天行径。明白天道规则的人则不会这么做，他们往往把自己有余的财力和智慧均衡给社会，勇于奉献却不期望回报，有成绩却不居功自恃，面对荣誉却没有占有的欲望。因为他们是真正的天道奉行者、天道履行者，而天道运作的意义并不是为自己，所以他们无私奉献的意义也不是为了自己，更何况标榜名利这些虚荣的事更是不值一提。正如六祖慧能总结的一段偈语："妄立虚假名，何为真实义？唯有过量人，通达无取舍。"

通过这一章的学习，我们对天道的规则、具有天道品性的行为，以及如何判断一些“高人”的真实性质有了准确的认识，这为我们看清正确的人生道路擦亮了双眼。

第七十八章　向水学习以柔胜刚的智慧

天下柔弱莫过于水，而攻坚强者莫之能胜，其无以易之。弱之胜强，柔之胜刚，天下莫不知，莫能行。是以圣人云：受国之垢，是谓社稷主；受国之不祥，是谓天下王。正言若反。

【注解】

天下柔弱莫过于水，而攻坚强者莫之能胜，其无以易之。

天下至柔的物质莫过于水，而攻克强硬的物质，没有它不能胜任的，没有任何物质能够取代或超越它。

弱之胜强，柔之胜刚，天下莫不知，莫能行。

以弱胜强、以柔胜刚的道理天下人都知道，却大多不能做到。原因就是不能像水一样不以自己的喜恶而普惠万物，拥有谦柔不争的品性。天下人正因为做不到水的品行，所以才达不到以柔克刚的能力。

是以圣人云：受国之垢，是谓社稷主；受国之不祥，是谓天下王。正言若反。

所以，圣人说能够为国家利益而承受屈辱和灾祸的人，才能成为天下的君王。这句正确的话听起来好像是颠倒的话一样，因为大家都认为君主是享受荣华富贵的，民众是承受困苦的。实则，君主是为普惠百姓而生的，他的责任是担当国家的危难，他的品性和水的品性是相同的。

【体悟】

大家都知道以柔胜刚的道理，但真正做到的却少之又少，原因是什么呢？老子在这一章中为我们做出了深刻的解答。

老子认为，天下最柔弱的物质莫过于水，而攻克强硬的物质，没有它不能胜任的，没有任何物质可以取代或超越它。这种以弱胜强、以柔胜刚的道理大家都知道，但却难以做到，究其原因是达不到水的胸怀和担当。那么，水具有什么样的胸怀和担当呢？它洗涤万物的污垢，还之以清白，把污垢留给自己，这就是大爱的胸怀。它无偿地滋养万物，不以自己的喜恶而亲疏有别，至柔无争地流入低洼污浊之处，这就是无私的担当。所以，老子说“受国之垢，是谓社稷主；受国之不祥，是谓天下王”。正因为君主博爱的胸怀和无私的担当，才成为大家拥护的天下之王。在世人的眼中，君主就是顶级荣华富贵的象征，其实合格的君主做的是全天下最无私无我、最辛苦劳累的工作，这和大家看到的表象正相反，所以老子说“正言若反”。君主可以说是国家最有权势、最有力量的人，而他的能力却产生于水一样的品行这个道理。曾国藩总结得很到位——“大柔非柔，至刚无刚”，至柔并非是真柔，至刚反而没有刚硬的形态。

绝大多数人都把“以柔胜刚”当作了一种方法论，甚至演变成了阴谋论，这是把大道局限在了“术”的层面，就好像将太阳只认为是一个大火球，只认为它能给我们带来温暖和光亮。如果真是这样的话，我们在理论上完全可以实现人造太阳来替代它，就好比把“以柔胜刚”只作为一种方法来使用的话，我们完全可以不使用它。达到目标的方法有很多，而且“以柔胜刚”在很多情况下也并非真的适用。老子之所以把它提高到如此高度，是因为它就像太阳一样，除了带给我们光与热的好处之外，如果没有它的存在，包括地球在内的八大行星将会无法正常运转，磁场也将消失。所以“以柔胜刚”只有建立在博大的胸怀和无私的担当这两根支柱之上，才能发挥它真正的价值和力量。

第七十九章　如何从根源上杜绝怨恨产生

和大怨，必有馀怨，安可以为善？是以圣人执左契，而不责于人。有德司契，无德司彻。天道无亲，常与善人。

【注解】

和大怨，必有馀怨，安可以为善？

调和了大的怨恨，怎能好像什么都没发生一样呢？必有余怨和芥蒂，怎么算是处理完善呢？

是以圣人执左契，而不责于人。

契：分左、右两部分，左契是付出的凭证、右契是回收的凭证。

责：本义为节节高涨的利息，引申为债务和索取的债款。

所以，明智的人手中拿着付出的凭证却不去索债。

有德司契，无德司彻。

彻：本义指撤除，引申为毁坏。

因为，有德行的人恪守契约精神，不用索取他也会归还；无德行的人，考虑的是如何毁约，整天想的是如何逃避责任，即使你索要他也不会归还。所以，不要把重点放在如何收回上，而应该放在给付对象的品性上。

天道无亲，常与善人。

天道利益万物，在付出时，平等无亲疏，只是付出的方式不同。我们的所得都来自于天下，过多的所得是对你替天行道的权利赋予，把过多的还之于天下则不招天怨，据为己有则招天谴，遭天谴后归还，怎么可能没有余怨而完善呢？所以，恒常掌握天道的人就是善于顺应天道的人。

【体悟】

在处理纠纷和矛盾的过程中，能够化解开大的怨恨，并不是最好的解决方案，因为双方的芥蒂将永远存在于各自的内心深处，就像从木头上拔掉了一根钢钉，钉眼的空隙处将永远不可能恢复如初。这就是“和大怨，必有馀怨，安可以为善”的含义。那么，如何从根源上杜绝怨恨的产生呢？

明智的人手中拿着支付凭证却从不去索债，因为他走的是天道。天道有“损有馀，补不足”的格局，正因为他既“有馀”，又有天道的格局，所以在他付出的那一刻就没有过索取回来的想法。如果他本身就“不足”，还要损自己的“不足”去帮助别人的“不足”，那就是做了自己力不可及的事，这走的并不是天道，只是执着于行使天道的虚荣，也会受到天道的谴责。一个具有天道格局的人，当他有能力的时候就要无偿帮助需要帮助的人，没能力的时候则应专注于提升自己的能力。如果没有能力又勉为其难去帮助他人，既会给被帮助者增加心理负担，也会影响自己的正常生活。

一般来说，被帮助的人有两种：有德行的人和没有德行的人。有德行的人不需要你索取，当他有偿还能力的时候自然会偿还。他偿还的时候，你不收都不行，因为你执意不收的话，就是在贬低他的人格。而没有德行的人，即使你索取也是徒劳的，因为他从被帮助的那一刻起，就开始算计着如何赖账，根本没有偿还的想法。

如果是有偿付出，该如何杜绝怨恨呢？有偿付出属于交易行为，交易本身就是双方得失之间的博弈，在交易之前就要具备承受一切后果的心理准备。交易要按照交易规则，出现问题不要怨别人，只能怨自己考虑不周。

如果是感情付出，我们又该如何杜绝怨恨呢？感情付出，应该属于无偿范畴。如果把它看作有偿行为，就是把感情当成交易，这样的话，产生怨恨只能怪自己咎由自取。

奉行天道就要笃行天道的规则，实施交易就要笃行商道的规则，感情生活就要笃行情道的规则。“天道无亲，常与善人”，天道对所有人都没有亲疏之别，不招惹怨恨是因为它们笃行大道，招惹怨恨是因为它们失道而怨恨自招。

第八十章　人人向往的淳朴田园生活

小国寡民，使有什伯之器而不用，使民重死而不远徙。虽有舟舆，无所乘之；虽有甲兵，无所陈之。使民复结绳而用之。甘其食，美其服，安其居，乐其俗。邻国相望，鸡犬之声相闻，民至老死不相往来。

【注解】

小国寡民，

国土面积小、民众人口少的国家，往往国家和民众的内外妄欲和诱惑也少。

使有什伯之器而不用，

什伯：十人为“什”，百人为“伯”，合指成十上百倍，有众多的含义。

他们内心纯朴，生活简约而充实，与自然和谐相处，即使有众多生活必需品之外的器物也不占用，因为外在的物质对他们不产生任何的吸引作用，他们已经摆脱了物欲的束缚。

使民重死而不远徙。

徒：迁移。

他们的幸福感很强，把国家视作精神乐园的归属地，面对生命的无常，他们重视自己死亡后的灵魂归属而不迁移远离。

虽有舟舆，无所乘之；

舆：车中装载东西的车厢，后世泛指车辆。

所以，虽有用于迁移远离的舟船车辆也不会去使用。

虽有甲兵，无所陈之。

陈：排列、摆设。

用谦虚本分的姿态和有德行的大国建立友好外交，虽有军队，也不会把它摆在国事的首位。

使民复结绳而用之。

结绳：文字产生前用它计数、记事和传递信息，这里是指去掉繁文缛节回归质朴。

去掉华丽无用的繁文缛节，令民众回归本真和质朴。

甘其食，美其服，安其居，乐其俗。

使民众有美味的食物、漂亮的衣服、安定舒适的居所、其乐融融的风俗。

邻国相望，鸡犬之声相闻，民至老死不相往来。

与邻国接壤，近在咫尺，鸡狗的叫声都能听到，但是民众即使到老死，也没有与他们交往和走动的想法，因为民众一刻也不想离开这个完美的国度。

【体悟】

这一章是老子对大道治理下的理想国度进行的描述，也是众多厌倦城市生活的人梦想的人生画卷。我们通俗地译一遍。其中把“国”译成地区，是因为在老子的时代不存在“国”的概念，《道德经》中所有的“国”本来是“邦”，也就是地区的含义，现代版本之所以写作“国”，是因为在汉代初期，为了避讳汉高祖刘邦的名字。

熙熙攘攘的大城市喧哗不止，致使我们身心疲惫，多么渴望生活在一个面积不大、人口不多的地方。因为面积不大、人口不多的地方不会产生过多的欲望和诱惑，也就减少了外界对我们内心的搅扰。

我们过着极简的田园生活，虽然辛苦但是充实而快乐，虽有众多的劳动工具也会闲置，因为我们不需要创造过多的物质财富。过多的拥有物质只会成为我们的负担和束缚。我们热爱这片净土，把它视作精神的家园，担心远行时因死亡的无常降临而错失灵魂的归宿。所以，虽有车辆和舟船也毫无用处。我们与世无争，也没有过多的吸引别人想要掠夺的财富，所以军队也只能束之高处。我们崇尚本真的友谊，摒弃繁文缛节的邻里相处。我们有天然的美食，也有质朴美丽的衣物。我们有安逸舒适的居所，也有其乐融融的风俗，生活怡然而倍感知足。虽然不远处的其他地方时常传来鸡鸣狗吠，但我们毫无探视交往的念头，因为这个地方满足了我们物质和灵魂的所有需求，使我们一刻也不愿离开这个完美的国度。

第八十一章　如何听话、说话、求知与修身

信言不美，美言不信；善者不辩，辩者不善；知者不博，博者不知。圣人不积，既以为人，己愈有；既以与人，己愈多。天之道，利而不害。圣人之道，为而不争。

【注解】

信言不美，美言不信；

信：诚实、不欺骗、真实。

事物都有利害两面，诚实的话不好听，好听的话存在片面性或欺骗性，是不实的话。

善者不辩，辩者不善；

道理也有利害两面性，善于运用大道的人，把重点用在行动和观察事物的发展变化上，不会使自己陷于无休止的争论中。如果把精力都用在辨别是非和争论对错上，说明没有认识到道理的两面性和事物持续变化的适用性。

知者不博，博者不知。

明白了万物都存在一个普遍共通的道理，也就是大道的道理，就应该把精力用在具体行动上，在行动中实践体悟大道，积累自己的德行和经验，而不是把精力用在浩瀚广博的求知当中。博学者不知道这个道理，就会在求知的贪欲中迷失和倦怠。

圣人不积，既以为人，己愈有；

既：尽、全部。

明智的人心怀天下没有私积，他越是尽可能地为天下人考虑反而越会得到大家的尊重和推崇。

既以与人，己愈多。

与：给予。

他尽可能地给予大家反而所得也越多。原因是他没有自私的心态，因为他的无私和公平，从而达到了海纳百川。

天之道，利而不害。

天道是基于天下整体的利益而施利万物、平衡万物，而不伤害它们。

圣人之道，为而不争。

明智的人效法天道，他行为的目的是利益天下、平衡天下，而不是为己谋利，所以不会为自己争名夺利。

【体悟】

在现实生活中，我们应该如何立身处世呢？老子在本章给出了终极劝诫和忠告。

首先，告诫我们要修一双会听真话的耳朵，学会听真话。“信言不美，美言不信”，每个人的性格都有或多或少的缺点，每件事也会有或多或少的不足之处，反映真实情况的话往往不太悦耳，而悦耳的话往往会失真。所以，当听到好听的话、奉承的话、献媚的话时，你一定要当心，因为这个人很可能就是奸佞不实、欺上瞒下的无耻小人。

其次，告诫我们要修一个会说实话的嘴巴，要会说务实的话，不要说废话和空话，免得被人轻视。“善者不辩，辩者不善”，因为只有考虑到具体因素和背景的话才切实可行，说的话才有分量。机械地生搬硬抄，为辩论而辩论的抬杠，都属于废话和空话，结果只会被人耻笑。

最后，告诫我们要勤学善悟，学真知。“知者不博，博者不知”，读死书读得再多也只是个书呆子，对社会毫无益处，读书时要学会读它背后的规则，只有掌握它隐形的规则，才算是真正的掌握。

在人生的忠告方面，老子告诉我们要有格局，不要只想着无止境地占有富贵和知识。如果把富贵和知识比作水的话，你能占有多少水取决于你肚子的容量，装不进去的水其实和你无关，勉强喝进去也只会撑破你的肚皮。所以，越是会给予和付出，你的肚量和胸怀就会越大，拥有的反而越多。老子还告诉我们要勤奋做事，因为“天之道，利而不害。圣人之道，为而不争”，天道能实现利益万物而不争的境界有个先决条件，那就是它具备实施的能力。你若想达到天道的境界和抱负，首先要勤奋努力，积累自己的能力和智慧。